老後のお金はこれで足りる!

# シニアのなっとく家計学

梅本正樹
税理士・ファイナンシャルプランナー
社会保険労務士・中小企業診断士

水曜社

# はじめに

近頃のシニアの関心事は、「健康」と「お金」がトップの座を争っているようです。

これらツートップの関心事のうち「健康」に関していえば、近年実年齢よりひときわ若く見え、ハツラツとしたシニアが増えてきました。

そのようなシニアの方々は、見かけだけではなく身体そのものも相応に若々しく、高い健康度を維持しておられるものと推察されます。

若々しいシニアの増加に呼応するがごとく「健康寿命」、すなわち健康上問題なく日常生活を送れる期間も延び続けています。

その好影響もあり「平均寿命」の方も、日本人男性ですでに80歳を超え、女性では約87歳と、とどまることなく延び続けています。

さらに「平均余命」から見積もると、60歳の日本人の寿命は男性で約83歳、女性に至っては約89歳と90歳の大台までカウントダウン状態に入っています。

このような日本人の長寿化は、もちろん喜ばしいことです。しかし、シニアとしては安穏としている訳にはいきません。なぜなら、寿命が延びれば延びた分、シニア期を生き抜くための知恵や知識を、多く仕入れる必要に迫られることになるからです。

もう一方の関心事「お金」に関しては、シニアにとってより切実な問題かもしれません。シニア世代ともなると、給料から年金へと収入が減少してゆき、頼りの綱の年金さえも将来どこまで減額されてしまうのか見当もつきません。

収入面がそんな状況なのに、支出面においては、医療費や介護費など増えこそすれ減る要素はみじんもなく、税金面でも消費税増税などが支出増に追い打ちをかけてきます。

さらには、シニアライフに必要な資金がいったいどれくらいになるのかなど、誰も教えてはくれません。

巷ではシニアが集まれば、お金に関しての次のような議論が始まります。

Aさん「老後資金は、いったいいくら貯蓄しておく必要があると思います？」
Bさん「国が潰れはしないだろうから、５００万円ほどあればいいんじゃないの？」
Cさん「理由はわからないけど、３０００万円とよく聞きますけど。」
Dさん「いや、夫婦で平均寿命まで生きるとすれば、１億円は絶対必要でしょう！」

どなたのおっしゃる金額にも、かなりの開きがありますね。

この質問にあえて答えるとすれば、「すべてのシニア世帯に、一律に必要な老後貯蓄額というものは存在しない！」ということになります。

その主な理由としては、次のような要因が挙げられます。

○各シニア世帯の生活費には大きな開きがある
○各シニア世帯の収入、特に年金の種類及び受給額は大きく異なる
○各シニア世帯の資産状況は大きく異なる
○各シニア世帯員が親から受ける贈与相続額は大きく異なる
○各シニア世帯員の余命は大きく異なる

老後貯蓄額を算定しようとすると、これらの要素が複合的に影響し合います。

そのためシニア世帯によっては、老後貯蓄額として１億円が必要と判断されるケースがある一方、別のシニア世帯では、老後貯蓄は必要ないと判断されるケースもありえるのです。


戦後間もない頃の平均寿命は男女とも50歳前後でしたから、当時であれば今でいうところのシニア期間自体が存在しませんでした。

しかし今日では「人生90年時代」到来目前です。つまり、約40年にも及ぶシニア期間を破綻せず大過なく生き抜くためには、最低限の家計経済的な素養が必要となってきたのです。

その最低限の家計経済的素養を、シニアに必要十分な素養としてまとめたものが本書「シニアのなっとく家計学」です。

シニア期の家計の仕組みを理解することで、あなたの世帯の「シニア剰余金」を知ることができます。「シニア剰余金」とは、「収入」「支出」「資産」「負債」から自然と導き出される、いわばあなたの世帯の「お目付け役」です。

「シニア剰余金のことをもっと詳しく！」とお考えの方には、「第6章 シニア剰余金」の項目を先にお読みいただけると、この本の理解が深まり、より興味深く読み進められます。

このシニア剰余金を知ることで、あなたの「自世帯マネジメント」の「OK」「NG」判定が可能になります。また、「NG」の場合の対処策も本書に盛り込まれています。これであなたが長年抱えていた老後不安は、霧が晴れるように一気に解決するでしょう。

シニアの皆様にとって、本書が「シニアライフという航海」の羅針盤となり、人生のゴールまで無事にたどり着く一助となりましたならば幸甚です。

税理士　ＦＰ　社労士　中小企業診断士　　梅本正樹

目次

## 第2章

# 収入

# 第4章 資産

## 第5章 負債



## 第6章 シニア剰余金

## 第2節　シニアリスク



## 第3節　相続・贈与

第１章

# ゆとりシニアライフのために

# 第1節　シニア家計学

## 老人と呼ばないで

自分ではまだ若いつもりなのに、突然「ちょっと、そこのおじいさん（おばあさん）！」などと話しかけられて、こころよく返事ができる人がどれくらいいるでしょうか。

筆者の知人の話ですが、その方が60歳になった時、町の老人クラブから「60歳になりましたので、町会の老人クラブに入ってください。」と勧誘を受けたそうです。

しかしその知人は「老人クラブだと！　人を年寄り扱いするな！」と憤慨して、勧誘をその場で断ってしまいました。

この例のように、現代の日本人は60歳になったくらいでは、自分が老人になったという自覚はありません。

事実各地の老人クラブでも、新規加入すべき年齢に達した人達が、「老」や「老人」のつくクラブの名称に抵抗を示し加入を断るケースが続出した結果、クラブ員が激減している状況にあります。

「現代日本人の年齢はかつての七掛けだ！（年齢七掛説）」などとも言われます。ということは、今の60歳はかつての42歳（60歳×0・7）に相当するとも言えるのです。もし42歳であるとするならば、まだまだ働き盛りです。まさか自分が老人になったと思わなくても当然でしょう。

法の世界でも、２００８年3月31日までは、高齢者の保健に関する法律である「老人保健法」という法律がありました。しかしこの法律も、「老」ないしは「老人」という語句が含まれているのはイメージが悪いなどの理由により、同年4月1日から「高齢者の医療の確保に関する法律」と改称されてしまったくらいです。

厚生労働省の予測では、２０５５年には65歳以上の高齢者が日本の人口に占める割合は39・4％と、ほぼ4割を占めるとしています。

そうなると、日本国民の半数近くが高齢者ということになってしまいます。とすれば60歳代は特段高齢でもなくなり、いわば中間的世代の人達となります。

将来的には60歳代あたりまでは「高齢者」の枠組みからはずされる時代となっているかも知れません。

いずれにしても「老」ないしは「老人」がつく言葉の使用はイメージが悪く、最近では急速にタブー化してきています。他の言葉で言い替えられる場合は、言い替えるべき時代になってきたのでしょう。

## シニアとは

「老人」という呼び方への反発から、一時はこの世代の人達を婉曲に表現して、頭髪が白髪となることから連想される、「シルバー」などというような呼び方もなされていました。その後年月を経ておおよそ今世紀に入った頃から、よりマイルドなイメージの呼称として、「シニア」という言葉が使われ始めました。

今では「シニアライフ」「シニアグラス」「シニア住宅」など、シニアという言葉は柔らかで優しい語感が好まれたためか、すっかり日本社会に定着してしまいました。

このシニアの語源は、英語の「ｓｅｎｉｏｒ」から来ており「年長者」、「上級生」、「上級者」、「高いランクの地位を持つ」などを意味しています。

ではシニアとは、いったい何歳から何歳までを指す言葉なのでしょうか。

実際のところ、シニアの法的な定義というものは存在しません。各分野の研究者や各種団体などにおいても、シニアの年齢区分を40歳以上としていたり、65歳以上としていたり様々です。

ただ最近では、シニアとは「おおよそ50歳以上の世代」を指すことが増えてきたようです。たとえば映画や旅行などの各種割引特典や、ゴルフやスキーなどのスポーツの世界などでは、50歳以上をシニアと区分する例が多いようです。50歳は、区切りの良い年齢だからでしょうか。シニアグラスをかけ出す年齢だからでしょうか。それとも60歳定年のカウントダウンに突入する年齢だからでしょうか。

理由はともあれ、シニア期間の始期が50歳とすると、終期、すなわち死亡年齢は何歳になるのでしょうか。もちろん人の寿命は異なりますから、終期も人それぞれです。

ただし本書ではシニア期に必要な資金等を具体的に算定するため、シニア期の終期を現在の日本人の平均寿命である約84歳（男女平均）より多少の余裕を見て、90歳と人為的に区切っています。そうすれば平均寿命より少しくらい長生きしても、資金的にショートすることはないはずです。

厚生労働省の「年金財政検証」その他各種の統計においても、日本人の将来的な平均寿命はおおよそ90歳に達すると予測しています。

また、90歳は古来「卒寿」として長寿の節目のひとつとされています。更に昨今では「人生90年時代！」と声高に叫ばれるようになってきたことなども勘案しました。

つまり、本書における「シニア」とは、「50歳から90歳までの方々」と定義づけさせて頂いております。

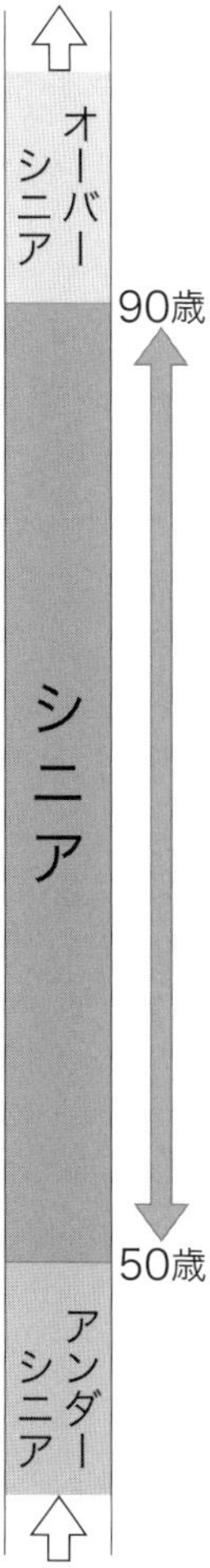

## シニア家計学とは

ライフスタイル、趣味嗜好、生きがい、哲学観、宗教観、などは百人百様です。個人個人が自由に信奉などすれば良いものであり、他人に押し付けるべき性質のものではありません。言い方を変えれば、それらに「普遍性」は存在しません。

しかし「シニアライフの家計」に関しては、全てのシニアに関わる事柄です。お金がなくては明日から生きていけないからです。

シニアライフに必要な資金の調達と費消等には、すべてのシニアに共通した仕組みがあります。すなわち、「シニアライフの家計」には「普遍性」が存在するということなのです。

本書のテーマ「シニアのなっとく家計学」とは、この「シニアライフの家計」の仕組みをなっとくしていただくために、必要十分なレベルの素養です。

この必要十分なレベルの素養を、本書では「シニア家計学」と定義づけています。

シニア期が「50歳から90歳までの40年間」とすると、おおよそ人生の半分近くの長い期間となります。この長い期間を生き抜くためには、当然ながら経済的な裏付けが最重要となってきます。

この経済的な裏付けを得るには、年金や給与などの収入だけを確認すればそれでよし、という単純なものではありません。４つの要素を確認する必要があるのです。

４つの要素とは「収入」「支出」「資産」「負債」であり、それらの内訳は次のとおりです。

「収入」・・・あなたが現在から90歳までに獲得できる年金や給与など
「支出」・・・あなたが現在から90歳までに支払う食費、住居費、各種社会保険料など
「資産」・・・あなたが現在保有している預金、不動産、株式、保険契約など
「負債」・・・あなたが現在抱えている住宅ローン等の、完済時までの支払総額など

なお、あなたに配偶者がおられる場合は、配偶者の分も合算することになります。

ただ配偶者がおられる場合、あなたと配偶者の年齢は異なることの方が多いでしょう。つまり、あなたがシニア期終期の90歳に到達した時、配偶者はまだ90歳に到達していないか、あるいはすでに到達してしまっているかのいずれかとなるはずです。

その場合、合算すべき配偶者の「収入」例えば年金収入などは、計算の繁雑化を避けるため、便宜的にあなたが90歳になるまでの期間受給できるものとみなします。(次頁図参照)

4要素の確認が必要な理由は、これらのバランスが取れていて始めて、長きに渡るシニア期間を、経済的に余裕を持って、老後破産することなく生き抜くことができるからです。

例えば、次の場合はバランスが取れているとは言えません。「収入よりも支出が大きい」「収入よりも負債が大きい」「資産よりも負債が大きい」などです。

ただしこれらの場合でも、その不足分を他の要素の大小で補てんすることが可能であれば

〈4要素の関係性の例〉

※現在あなたが55歳、配偶者53歳の場合

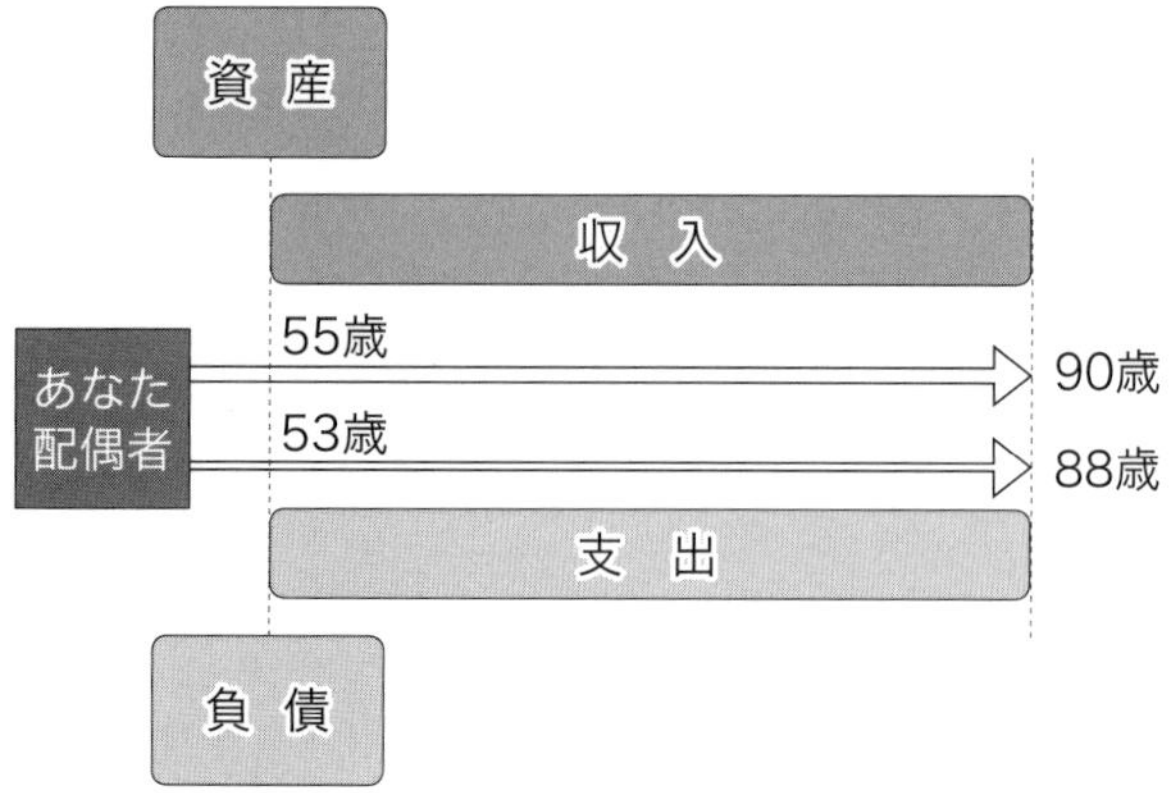


問題はありません。しかし補てんできなければ、いずれシニア期の途中で生活が破綻することになってしまいます。

4要素のバランスが取れていない場合は、あなた自身のシニアライフを改善する必要が生じます。

方法としては「収入を増やす」「支出を減らす」「資産を増やす」「負債を減らす」のうちいずれか、またはいくつかを複合的に実行に移すことになります。

すなわち、本書における「シニア家計学」とは、「シニア期を経済的に安定して乗り切るための自世帯マネジメント学」と言い表すことができるのです。

重要ポイントを要約すると、次の2点となります。

(1) シニア期間中定期的に、4要素のバランスの適正性を確認する。
(2) バランスが崩れていれば、改善策を実行する。

# 第2節　シニア会計

## 企業会計とシニア会計

株式会社などの法人は、「会社法」という法律によって、企業会計を基礎とした会計帳表を作成することが義務付けられています。

具体的な会計処理としては、まず会計仕訳を起こすことにより、イメージとしては次項上段のような「合計残高試算表」という会計帳表を作成します。（図1参照）

企業経営者は定期的にこの表の各部、つまり「収益」「費用」「資産」「負債」「純資産」の金額を確認し、それらを基にして、自社の経営成績や財政状態等の分析作業を実施するのです。この作業は企業経営者には必須の作業です。

経営の舵取りを担うべき企業経営者が、この重要な作業を怠るならばそれはまさに放漫経営です。すなわち、大海原に羅針盤なしで漕ぎ出すことに等しく、その企業は倒産へ向かってやみくもに漕ぎ出すことになってしまうでしょう。

法人と個人の差があるとはいえ、シニア世帯においてもこれと同様のことが言えます。

シニア世帯の主《あるじ》にも、左図下段のような「収入」「支出」「資産」「負債」「シニア剰余金」を基とした、自世帯の経営的な舵取りが求められているのです。（図2参照）

いかがでしょう。企業会計の図と、形としてはそっくりだと思いませんか。

ただ、各部の名称および配置に関しては多少の相違はあります。相違する理由としては、

[図1]

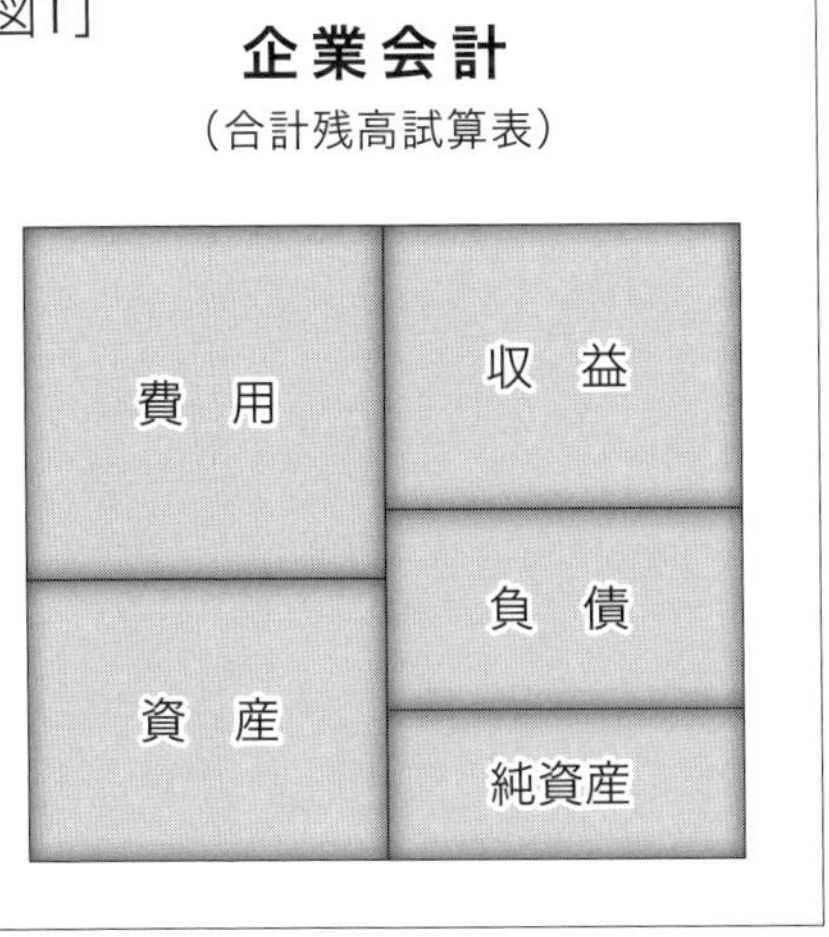


[図2]

シニア会計はすべてのシニアに無理なく、かつ視覚的に理解していただくために、企業会計を基礎に筆者の方で多少のアレンジを施してあるからです。

この図に会計的で正確な名称を付けるとすると、さしずめ「シニア期・残余期間・未来予測包含・合計残高・試算表」とでもなるでしょうか。

何とも冗長な名称となってしまいますね。しかしこの名称では呼びにくく不便なので、これを簡略化して「シニア会計」と呼ぶことにしました。

シニア世帯の主《あるじ》であるあなたも、企業経営者が経営破綻回避のために「企業会計」を活用するがごとく、この「シニア会計」をシニアライフの羅針盤として活用すれば、老後破産などから身を守ることが可能になるのです。

## シニア会計の仕組み

シニア家計学においては、「収入」「支出」「資産」「負債」の4要素のバランスの適正性を確認するためのツール（道具）として「シニア会計」を使用します。

会計などと聞くと、「私は経済学部など出てませんから、会計なんて分かりません！」と言う方もおられるでしょう。しかしこのシニア会計の中身は、シニアの皆様にも無理なく利用してもらえるように、極めて単純な仕組みを採用しています。

次項の図は、シニア会計をイメージとして捉えていただくために作成したものです。（図

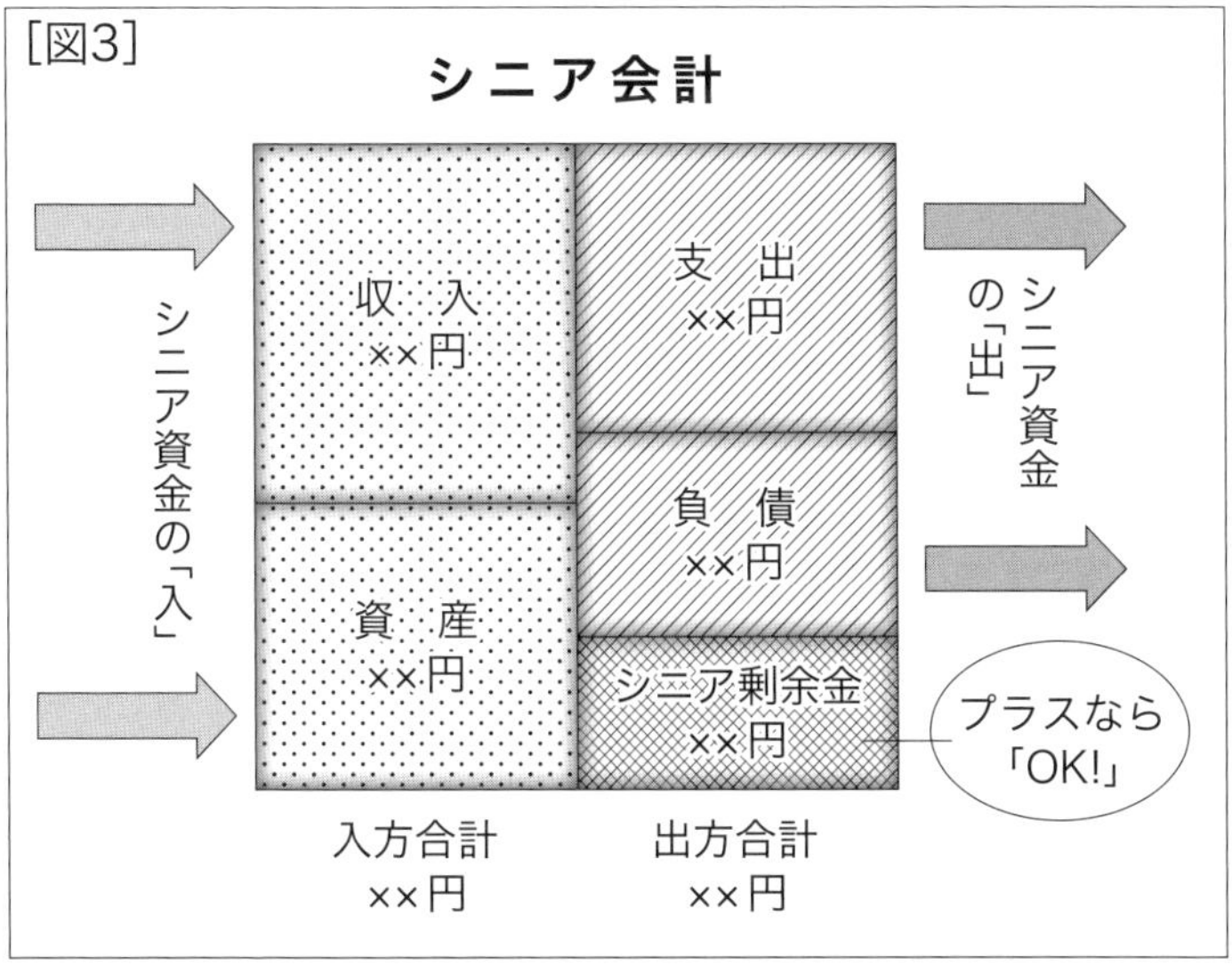


3参照）

シニア期間中に必要な資金、すなわち「シニア資金」はこの図の左側から「入」ってきます。これらは「収入または資産」としてシニア会計内、具体的にはシニア世帯内にいったんプールされます。

次にこの図の右側において、シニア資金は「支出または負債」としてシニア会計、具体的にはシニア世帯から「出」ていってしまいます。

その結果、シニア世帯内には「シニア剰余金」だけが残ることになるのです。

この図の左側の入方《いりかた》に配置されている「収入＋資産」は、金額的には右側の出方《でかた》に配置されている「支出＋負債＋シニア剰余金」と必ず一致します。

なぜ必ず一致するかというと、シニア

会計の図の5区分のうち「シニア剰余金」だけは、「収入（の部）における年金収入」や「資産（の部）における不動産」などのように独自に発生する金額がないからなのです。

つまり「シニア剰余金」は、入方の「収入＋資産」から出方の「支出＋負債」を差し引いただけの、計数的な「単純差額」に過ぎないのです。

逆に言えば、単純差額であるからこそ、「シニア剰余金」以外の4区分の増減をストレートに反映し、「それらすべての増減」を凝縮したかたちで表す重要な性質を有しているのです。すなわち「シニア剰余金」は、会計界からあなたのシニアライフを見守ってくれる「お目付け役」と位置づけることもできるのです。

シニア会計は、この「シニア剰余金」がプラスであれば「ＯＫ（良し）！」、マイナスであれば「ＮＧ（悪し）！」と判断するための単純明快なツールなのです。

マイナスであるということは、企業会計であれば破綻懸念先等に分類されてしまうような「債務超過」の状態にあるということです。

この便利なツールを活用することで、40年と言う気が遠くなるような長いシニア期間、あなたの世帯を老後破産のリスクから守り抜き、正常な軌道を逸脱することなく安全安心に生き抜くことが可能になるのです。

もし、シニア剰余金がマイナスに振れていくようなら危険信号です。その時点でシニアプランの見直しを行い、シニア剰余金がプラスとなるように軌道修正していただければ、再度薔薇色のシニアライフを取り戻すことができるでしょう。

このシニア会計というツールを利用すれば「目から鱗」という風に、視覚的かつ簡便に自世帯マネジメントを行うことが可能になるのです。

## シニア会計の例

サラリーマン世帯の場合であれば、通常60歳までは正社員として働きます。その後65歳ないしは70歳位までは嘱託・パートとして働くことが多いでしょう。それ以後は無職となり、いわゆる年金生活者として毎日が日曜日という優雅（?）な生活が待っていることと思われます。したがって、現在50歳で現役サラリーマンの方にシニア会計を適用するような場合は、シニア期間中収入が大きく変動し、また、シニア期終期の90歳までの期間が長くなります。そのためシニア会計の計算は複雑になってしまいます。

一方すでに年金生活に入っている世帯の場合は、収入は通常年金のみとなるのでシニア会計の計算は単純です。

ですので、まずはシニア会計を理解しやすくするために、この単純な方の年金生活世帯の例から見てみましょう。ここではシニア会計をイメージとして理解していただくために、数値は概算額を使用しています。

【夫婦とも70歳、年金生活Aさん世帯のケース】
①収入・・・・70〜90歳までの年金約4000万円
②資産・・・・預金、株式、居住用不動産等約2000万円
③支出・・・・70〜90歳までの生活費等約4500万円
④負債・・・・バリアフリー改修ローン約800万円
⑤シニア剰余金・・・①＋②－③－④＝700万円

このケースでは、「⑤シニア剰余金」が700万円となりました。プラスとなっていますので「OK！」という判定になります。（次項図上段参照）

次に多少複雑にはなりますが、シニア期に突入したばかりの50歳のサラリーマン現役世帯の例を見てみましょう。

【夫婦とも50歳、サラリーマンBさん世帯のケース】
①収入・・・・50〜90歳までの給与・年金等約9000万円
②資産・・・・預金、居住用不動産等約3500万円
③支出・・・・50〜90歳までの生活費・教育資金等約1億1000万円

④負債・・・・住宅ローン・カーローン等約４０００万円
⑤シニア剰余金・・・①＋②－③－④＝△２５００万円

このケースでは、「⑤シニア剰余金」がマイナス２５００万円となり「ＮＧ！」と判定されました。（左図下段参照）

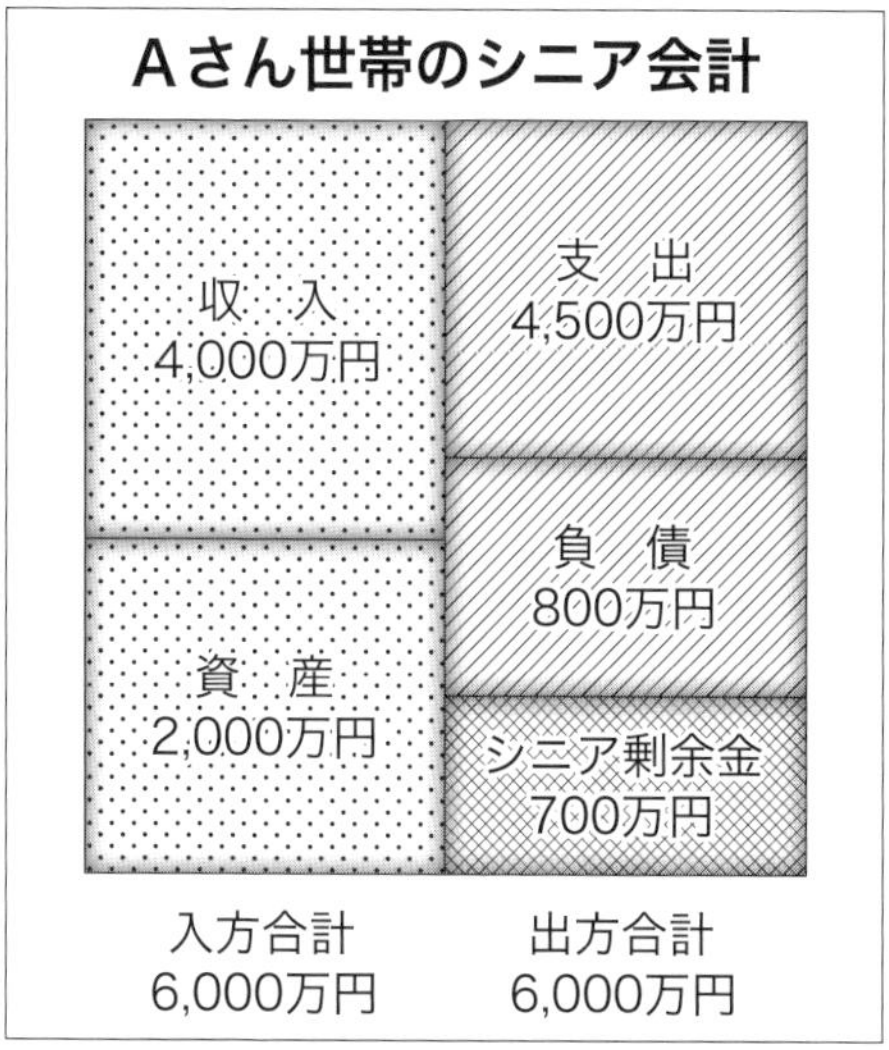

このままでは、いずれ生活が破綻してしまうことになるでしょう。マイナスをプラスに転化するために、何らかの対策が必要と判断されます。

## シニア会計の活用

先ほどの二例だけを比較しても、シニア会計の中身は全く異なっていました。

もちろん世帯ごとに世帯員の年齢、家族構成、給与の多寡、年金の多寡、持家と賃貸の別、教育費の多寡、節約観念の度合い、などの要素は当然異なります。よって、あなたの世帯のシニア会計の内容は、他の世帯と当然のように異なっているはずです。

ただ、他世帯のシニア期におけるマネジメント、すなわち「シニアライフマネジメント」は、その世帯に任せておけばいいことです。あなたは、ご自分の世帯のシニアライフマネジメントだけに関心を寄せていただければ十分なのです。

先の二例の説明で、シニア会計の全体像はおおよそ理解していただけたと思います。

あなたの世帯のシニア会計を計算する場合は、次章以下の各章を読み終えたあと、「収入」「支出」「資産」「負債」の各要素に含まれる金額を洗い出してみてください。

洗い出した「収入」「支出」「資産」「負債」の各金額は、適当な用紙にシニア会計の図を書いて、該当する区分に書き込んでいってください。

そうすれば右下の区分には、差額としてあなたの世帯の「シニア剰余金」が、自動的に算出されてくることになるでしょう。

シニア剰余金がプラスであった場合は、とりあえず安心していただいて結構です。もちろんプラスの金額を500万円よりは1000万円、1000万円よりは3000万円、というふうに増額する対策を取っていただければなお結構です。増額するにつれてシニアライフを脅かす様々なリスク、すなわち「シニアリスク」に対する危険度はさらに逓減していくことでしょう。

一方シニア剰余金がマイナスとなった場合は、早急に「シニア会計改善策」、すなわちシニア会計の中のシニア剰余金を、プラスに転化する対策を取っていただく必要があります。年齢にもよるのですが、年間30万円程度のマイナスであれば、生活費の削減策実行などで比較的容易にプラスに転化できるはずです。

例えば現在70歳の方であれば「(90歳－70歳)×30万円」で600万円、現在50歳の方であれば「(90歳－50歳)×30万円」で1200万円のシニア剰余金がマイナスのケースです。

しかし現在70歳でおよそ1000万円以上のマイナス、現在50歳であればおおよそ2000万円以上のマイナスとなってくると容易にはプラスに転換できません。ライフスタイルの大転換が必要な、抜本的な改善策を実施せざるを得なくなってくるでしょう。

改善策の基本は次の通り誠に明瞭です。

⑴「収入」又は「資産」の増加策を講じる。
⑵「支出」又は「負債」の減少策を講じる。

本書の中からこれらの策に活用できる、あなたに合ったヒントを見つけ出してみてください。

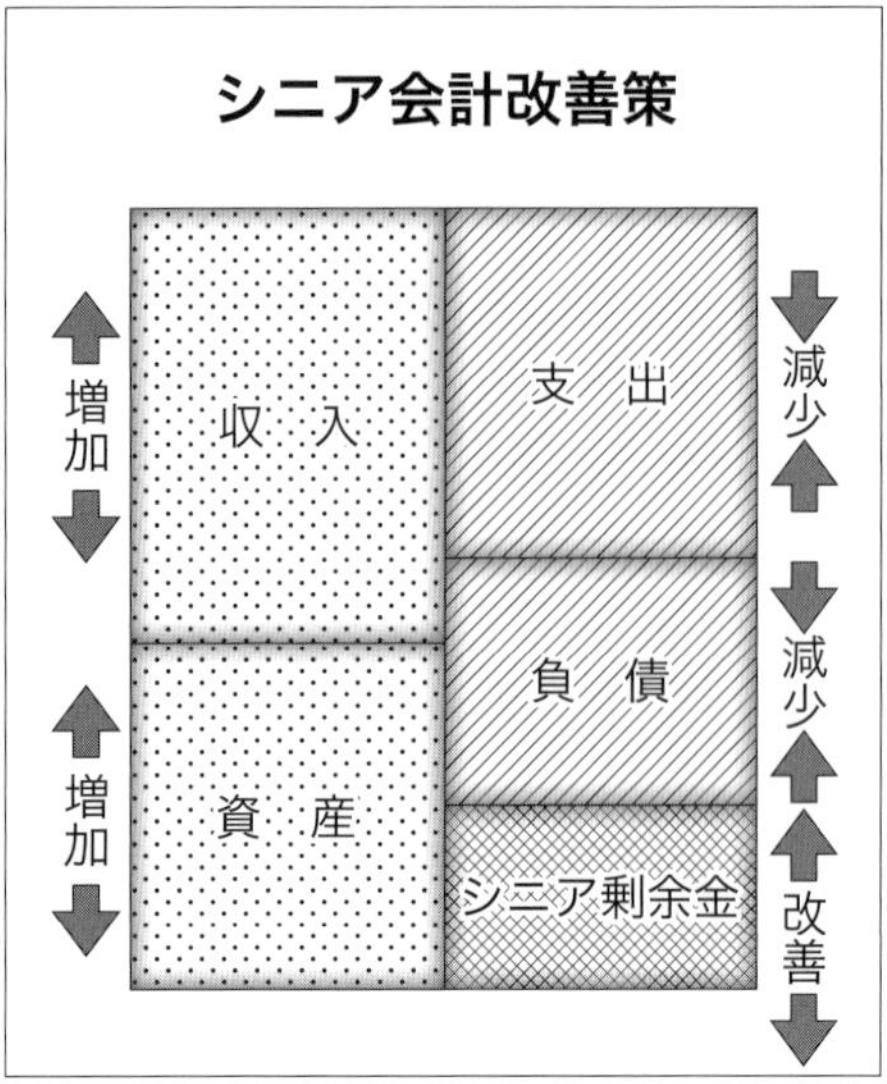

# 第2章

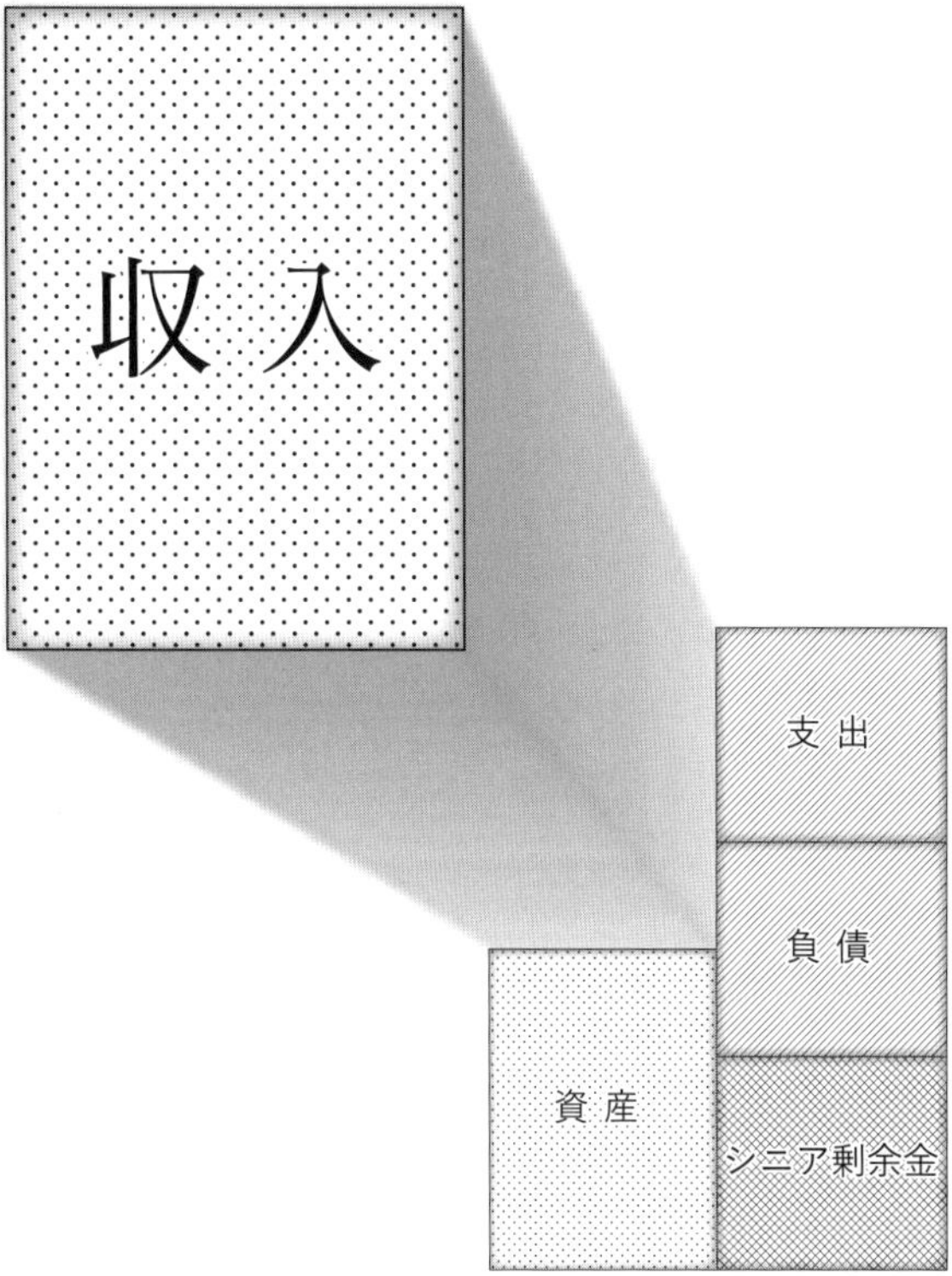

# 第1節　給与収入

## 60歳までは最大の貯めどき

その昔「♪サラリーマンは気楽な稼業と来たもんだ♪」という歌が流行しました。

この歌が流行したのは１９６０年代の始め頃でしたから、ご存じの方はまぎれもなくシニア世代に属することになるのでしょう。

現代のサラリーマンが気楽な稼業なのかどうかは別として、シニア会計を考慮した場合、定年までは最低限勤め上げた方が良さそうです。

その理由は「50歳から90歳までのシニア期間」を生き抜くために必要な資金として、一般的には次の計算のように一億円を超える「シニア資金」、すなわちシニア会計における「収入＋資産」が必要となるからです。

（90歳－50歳）×12カ月×27万５７０６円（※）＝約1億3千万円

（※参考）平成27年度総務省家計調査報告・高齢夫婦無職世帯家計収支より

定年までに得られる給与収入は、「50歳から90歳までのシニア期間」中においては最も大きな定期収入源です。

一般に50代は可処分所得、すなわち自由に使える資金が最も大きい年代とされています。つまり、50代はシニア資金をプールする絶好の機会であり、また人生最後のチャンスでもあると言えるのです。

しかし中には、定年を待たずしての早期リタイアを計画している方もおられることでしょう。子供の自立による教育費負担から解放されたからでしょうか。あるいは、住宅ローン返済に目途が立ったためなのでしょうか。

ただ早期リタイアは、巨額のシニア資金をプールするチャンスを、自ら放棄することに繋がってしまいます。

たとえば国税庁の平成25年統計によれば、50代男性の平均年収は600万円を超えています。このデータを基準とした場合、定年より3年早くリタイアすれば収入ベースで「600万円×3年＝1800万円」、5年早ければ「600万円×5年＝3000万円」を放棄したことになってしまいます。宝くじの高額当選券を捨ててしまうような感覚ではないでしょうか。

定年まであと少し、言いたい文句をこらえて黙って勤め上げるだけで、安定したシニアライフを手に入れる権利を得られるのです。具体的にはシニア会計入方の「収入」増加により、シニア会計出方の「シニア剰余金」も増加することになるのです。

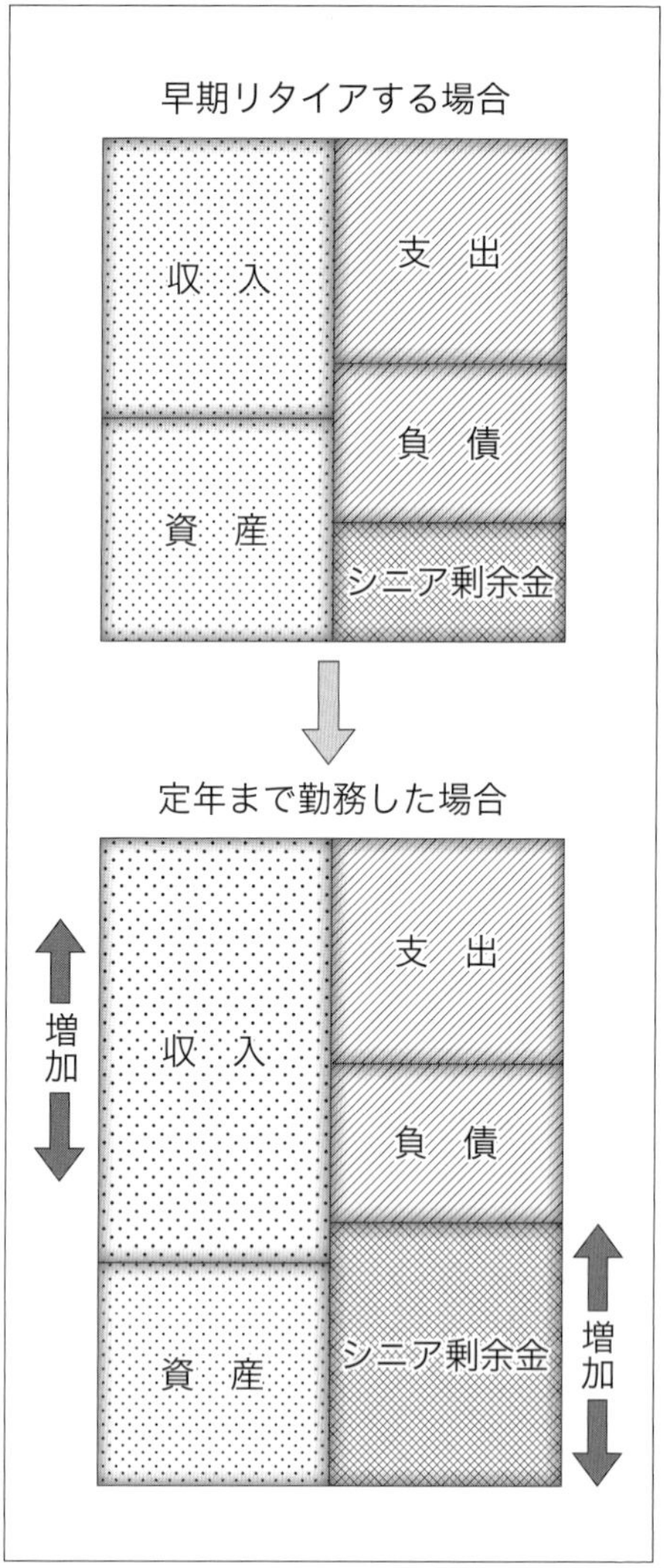


なお、シニア会計に組み込むべき給与収入は、勤務先企業の賃金制度や定年年齢などの違いにより、大きく異なります。

ご自分の定年までの給与収入を正確に算定することは、勤務先企業の査定等の影響も受けますので、なかなか困難な作業となります。ですので、ご自分で正確に算定できる方は別として、次の計算式を利用して算定いただければ結構かと思います。

〔定年までの給与収入＝現在の年間給与収入×（定年年齢－あなたの年齢）〕

## 職業人生の長期化

数十年前であれば、定年が55歳などという企業は珍しくありませんでした。

その後、平成10年には高年齢者雇用安定法により「60歳定年制」が義務化され、この60歳定年制は永らく日本社会に定着していました。

ところが国は平成18年4月1日より、シニア労働者の安定した雇用の確保を図るため、さらなる定年の引き上げなどを事業主に義務付けました。

具体的には、事業主に対して次の「高年齢者雇用確保措置」の内から、いずれかを選択する義務を課したのです。

> (1)定年の引き上げ・・・・定年年齢を65歳まで引き上げる
> (2)継続雇用制度の導入・・次のいずれかを選択する
> ①「勤務延長制度」・・・定年後も労働者を退職させることなく、引き続き雇用
> ②「再雇用制度」・・・・定年時に一旦退職させ、翌日から再雇用
> (3)定年の定めの廃止・・・定年制度そのものを廃止する

この「高年齢者雇用確保措置」は、平成18年4月の導入当初、勤務成績優良者に限るなどの条件を付すことが可能でした。つまり、希望者全員が雇用される訳ではありませんでした。しかしその後、平成25年4月には法改正によって、原則として希望者全員の雇用が事業主側に義務付けられることになりました。

これらの措置の導入率を見てみると、厚生労働省の調査では平成27年度で99．2％と、ほとんどの企業が導入済みとなっています。このうち最も多く導入されているのは、事業主側が柔軟に制度を運用できる余地のある「(2)継続雇用制度の導入」です。

平成18年のこの制度導入当時、いきなりの定年5年延長等に対して、大変唐突感があったものですが、時の流れに従い現在ではほぼ定着してしまいました。

世の中には「60歳を過ぎたら、リタイアしてのんびり暮らしたい。」という方も多いことでしょう。しかし「人生七掛説」によれば、昔60歳であった人は現在なら「60歳×0・7＝42歳」ということになります。つまり「60歳はまだまだ働き盛りだ！」と解釈することもできるのです。

ここはひとつ「65歳まで働けるなんてラッキーだ！　収入と健康を同時に手に入れることができる！」とプラス思考で考えてみてはいかがでしょうか。

将来的には「少子化による労働力人口の減少」や「年金支給開始年齢の更なる引き上げ」などの要因によって、70歳近くまで働ける、逆に言えば働かざるを得ない時代が到来することになるでしょう。

## 労働条件が引き下げになる人

ただここで一つ注意が必要です。

確かに平成25年4月1日からは、60歳になろうとするシニア労働者が希望しさえすれば、原則として65歳までの雇用は確保されるようになりました。

しかし、60歳以前の労働条件が65歳までそのまま継続する訳ではないのです。

事業主には「希望者を65歳まで雇用する措置を義務付けられはした」のですが、「労働条件を継続することまでは義務付けられていない」ということなのです。

「労働条件」とは、労働者と事業主などの使用者との間で交わされる雇用条件のことです。具体的には、賃金や労働時間、休暇、退職金の有無、解雇、などをいいます。皆さんがこの中で一番気になるのは、やはり「賃金」ではないでしょうか。

例えば、60歳まで月額給与が40万円であった労働者が、60歳で一旦定年を迎え、その後65歳まで再雇用されることになったとします。

このケースの場合、60歳から65歳までの間の月額給与は、一般的に60歳以前の40万円ではありません。通常3割から6割程度カットされて、28万円から16万円程度に減額されてしまうのです。

働く方としては、「仕事の中身はほとんど変わらないのに、なんで一方的に賃金をこんなに下げられてしまうのだ！」と不愉快な気持ちになって当然でしょう。

60歳から65歳までの5年間ものあいだ賃金が引き下げられた状態だと、場合によっては１０００万円を超える額の総収入が減少してしまいます。当然シニアライフの質にも影響することになるので、当人にとっては大問題です。そこで、定年間際になってショックを受けないためにも、多少の余裕を持って50歳のシニア期に突入した頃に、あなたが「労働条件が引き下げになる人」であるか否かを一度確認しておく必要があるでしょう。

あなたが「労働条件が引き下げになる人」に該当する可能性があるのは、あなたの勤める企業が前述の「高年齢雇用確保措置」の中で「⑵継続雇用制度」を採用しているケースです。「⑴定年の引き上げ」など、「⑵継続雇用制度」以外の制度を採用しているケースでは、特別な理由がないのに、いきなり労働者の給料を下げることなどは、労働者を保護する法律である「労働基準法」によって原則禁止されています。

したがって企業側からすれば、自由に労働条件を引き下げて賃金コストを抑制できる、「⑵継続雇用制度」を採用したいと考えるのも無理はありません。

もし、あなたの勤める企業がこの継続雇用制度を採用しており、しかも継続雇用後の労働条件が納得いかない程劣悪なものであったとしたら、60歳の定年後は現在とは別の企業で働くことも選択肢に入れざるを得ないでしょう。

なお賃金が引き下げになる場合、シニア会計に組み込むべき給与収入は、勤務先企業の継続雇用者に対する賃金制度の差異により大きく異なります。

したがって現在定年に達していない方で、ご自分で継続雇用期間の給与収入の算定が難しいと思われる方は、次の計算式をご利用いただければ結構かと思います。

**〈継続雇用期間の給与収入＝現在の年間給与収入×50％×（65歳－定年年齢）〉**

## トリプルインカム

このように、あなたが継続雇用制度によって60歳以後も働き続けることになった場合、給与は60歳以前よりも減少する覚悟が必要です。

ただ60歳以後も働く場合には、勤め先からの給与だけではなく、一般的には次の3種類（トリプル）の収入（インカム）を受け取ることができます。

**⑴給与・・・・・勤務先から受け取る、給料、賃金、賞与など**
**⑵年金・・・・・日本年金機構より支給される、特別支給の老齢厚生年金**
**⑶給付金・・・・ハローワークより支給される、高年齢雇用継続給付**

これらの詳細については後述させて頂きますが、これらトリプルインカムの差引手取額合計は、不思議なことに定年前の差引給与手取額と大差ないケースが多いのです。

つまり結果オーライということになり、あなたの勤める企業が継続雇用制度を採用している場合でも、それほど給与の減額を悲観しなくてもよいということになるのです。

このように、3種類もの異なる種類の収入を得られると聞くと、「なんだか難しいことはよくわからないけど、ラッキー！」という気持ちになるのではないでしょうか。こんな時ばかりは日本人であることの、ありがたさを実感してしまいますね。

ただし⑵の年金、具体的には「特別支給の老齢厚生年金」は、原則として次項の表のように支給開始年齢が60歳から65歳へと、生年月日や性別に応じて徐々に引き上げられています。

たとえば支給開始年齢が62歳の方の場合は、60歳から62歳になるまでの期間は、⑵の年金を受給できない「年金空白期間」となります。

したがって、トリプルインカムを得られるいわば「特権階級」の人々は、残念ながら将来的にはいずれ消滅する運命にあるのです。

## 老齢厚生年金の支給開始年齢

| 男性<br>生年月日 | 女性<br>生年月日 | 特別支給老齢厚生年金<br>（報酬比例部分）の支給開始年齢 |
|---|---|---|
| 昭和28年<br>4月2日前 | 昭和33年<br>4月2日前 | 60歳 |
| 昭和28年<br>4月2日～ | 昭和33年<br>4月2日～ | 61歳 |
| 昭和30年<br>4月2日～ | 昭和35年<br>4月2日～ | 62歳 |
| 昭和32年<br>4月2日～ | 昭和37年<br>4月2日～ | 63歳 |
| 昭和34年<br>4月2日～ | 昭和39年<br>4月2日～ | 64歳 |
| 昭和36年<br>4月2日～ | 昭和41年<br>4月2日～ | 65歳 |

例えば**この区分**に該当するシニアの年金空白期間は**2年間**となります!!

# 第2節　事業収入

### 定年は75歳？

あなたが事業を営んでいるとすれば、資金繰りや税務問題、労務問題など様々な経営課題に日々頭を悩ませているはずです。

しかし、サラリーマンのように60歳で定年になり、収入がいきなり激減するような心配をする必要はありません。

株式会社等の法人を経営している場合は社長、厳密に言えば「会社の代表取締役」などとして、役員報酬をもらっていることでしょう。また、個人事業を経営している場合には「個人事業主」として、事業の儲けはすべて自分のふところに入れてしまっても、誰にも文句は言われません。

法人であれ個人であれいずれにせよ、順調に事業を経営している限りは生活費の心配などとは無縁です。これらの事業経営者は、気力と体力の続く限り経営者として働き続けることができるのです。

現在日本の社長の平均年齢はおおよそ60歳です。また、企業の寿命は30年であるとする「企業30年説」なども存在します。つまり、60歳を中心としてその前後30年間社長として働くと仮定すると、45歳から75歳まで経営者として頑張ることができるという論理になります。

もし75歳まで経営者として頑張れるとなれば、シニア資金を心配する期間はその分短縮されます。本書ではシニア期の終期は90歳と想定していますので、「90歳－75歳＝15年」、つまりわずか15年間だけシニア資金の心配をすれば済んでしまうことになるのです。

事業の種類や規模にもよりますが、経営者の仕事は一般的に頭脳労働中心です。肉体的な労働は通常従業員にまかせるので、経営者が健康でさえあれば、75歳でもまだ社長業に支障はありません。

また認知症予防など、健康寿命の長期化につながるという副次的な効用も期待できるでしょう。

例えば筆者の関与先を見まわしてみても、75歳前後の経営者は珍しくありません。それどころか「終身役員」、すなわち生涯役員でおられる方々も大勢おられます。

私事ながら筆者の80歳になる母も、今日も経営者として事業活動に精を出しています。行けるところまで頑張る意気込みのようです。

なおシニア会計に事業収入を組み込む場合、給与収入の算定よりさらに困難を伴います。なぜなら事業経営には波があるほか、算定期間の長期性、経営者の老齢化、引退設定時期の相違、役員報酬に係る税社保負担、などの様々な影響を考慮する必要があるからです。

したがって事業収入を算定する場合には、ご自分での算定が可能な方は別として、次の計算式をご利用いただければ結構かと思います。

**〔事業収入＝（前年の事業所得又は役員報酬）×80％×（75歳－現在の年齢）〕**

**※事業所得とは所得税確定申告書上の金額**

この計算式においては係数「80％」と、割引率を20％と設定しています。この割引率は、先述の様々な影響を考慮し「保守主義の原則」による処理を行った結果です。「保守主義の原則」とは、企業会計の世界において重視されている会計基本原則です。これは安全性、慎重性の見地から、将来的な収入の予測は控えめに行うべきだとする会計原則のことです。

また、計算式の中で「役員報酬」とあります。役員報酬は本来、税務上において「給与所得」に分類されます。しかし雇用契約によるサラリーマンの給与とは異なり、役員報酬は事業経営の成果報酬としての性格が強いので、「第1節　給与収入」には含めずこの「第2節　事業収入」に含める形をとっています。

## 経営形態による命運

現代の日本では長寿化が進行し続けているとはいえ、「百寿」つまり１００歳まで事業経営を続ける訳にもいかないでしょう。気力体力の衰えにより、いずれ経営者を引退する時期は訪れます。

引退後は当然ながら経営者としての収入は絶たれ、年金と貯蓄切崩しの生活とならざるを得ません。

経営者引退後の収入の柱としては、やはり年金となるでしょう。受給年金の多寡は、現役中の事業経営形態により「損する人、得する人」というイメージで、その命運は二手に分かれます。

まず「会社経営の場合」、その会社は厚生年金制度に強制加入していたはずです。よって経営者は引退後、65歳以上であれば満額の年金、厳密に言えば満額の「老齢厚生年金＋老齢基礎年金」を受給できることになります。

社長在籍中の役員報酬は、サラリーマンの給料よりは通常高額なので、受給する年金額も一般的に月額20万円は下らないはずです。また節税との絡みで、配偶者にも役員報酬を支給しているケースが多く、その場合配偶者の年金は月額で10万円程度は見込めるのではないでしょうか。こちらは「得する人」のイメージです。

一方「個人事業の場合」、経営者は基本的には国民年金しか納めていなかったはずです。

よって受け取る年金、厳密に言えば「老齢基礎年金」は、平成28年度であれば約6万5千円だけです。こちらは「損する人」のイメージとなります。

つまりこれら二形態の経営パターンのうち、個人事業者であった場合は、残念ながら年金だけで通常レベルのシニアライフは維持できないことが分かります。おそらくシニア会計におけるシニア剰余金も、かなりマイナスになっているのではないでしょうか。

経営者を引退するまでに、マイナス分を補うだけの相応のシニア資金をプールしておく必要があるでしょう。

## 事業を年金増加策に活用

60歳以上のサラリーマンが年金を受給する場合は、通常年金の一部がカットされてしまい、減額された後の年金しか受け取ることができなくなります。

この年金がカットされてしまう制度は、第7節で後述する「在職老齢年金制度」と呼ばれるものです。中でも、60歳代前半においては年金カット率が極端に高いので、対象者にとっては頭痛の種となっています。

たとえば、60歳代前半のサラリーマンで年金がカットされるケースを、次に例示してみましょう。

前提・・・・本来受給できる年金12万円、毎月の給料36万円
①本来の年金受給額・・12万円
②毎月の給料・・・・・36万円
③年金カット額・・・・・(①+②−28万円)÷2＝10万円
④差引収入額・・・・・①+②−③＝38万円、

このように本来なら「①+②」で48万円の収入総額であったはずが、年金カットにより④の38万円に減少してしまうのです。なおこの計算過程においては、便宜的に一部簡略化した用語を使用しています。

もしこの状態が60歳から65歳になるまで続いたとすると、「③10万円×12カ月×5年間」で、なんと600万円もの現金が手元から消えて行ってしまうことになるのです。

こうなると「60万円位ならあきらめもつくけど、600万円以上が消えるとなるとあきらめきれない！　なんとかなりませんか！」という悲鳴が聞こえてきそうですね。

そこで、なんとかする方法として「事業」を活用するのです。

サラリーマンとして給料を受け取れば在職老齢年金制度に引っかかり、年金が減額されてしまいます。しかし個人事業者であれば、厚生年金制度に加入する必要がないので、在職老齢年金制度の適用を受ける余地は無くなり、満額の年金を受け取れることになるのです。

ただしこの方法は、すべてのサラリーマンが利用できる訳ではありません。またこの方法を利用する際には、社会保険に強制加入させられないように、事業を会社形態にはせず個人事業として経営を行い、使用人を雇用する場合は4人以下に抑えておく必要があります。

このテクニックを利用できるケースは、定年退職したあと、継続して退職前に勤務していた企業の業務を支援できるような場合です。

例えば建設会社を退職後個人事業主となり、その建築会社の外注先となるようなケースです。

この場合本人だけではなく、外注する側の建設会社にとっても大きなメリットがあります。具体的には社会保険料コストが節約できることになるのです。

このケースで対象者の給料が月額40万円であったとすると、「40万円×12カ月×約15％（社会保険料概算企業負担率）」で、年間72万円のコストが節減できるのです。

同様の外注先が10件に増えれば、年間で720万円ものコスト節減が期待できることになるのです。

建設会社の社長からは「ありがとう！　ずっと仕事を出させてもらうよ！」と、嬉しいお言葉を頂戴できることになるのではないでしょうか。

ただひとつ注意事項としては、建前は「外注先」であっても実質が「従業員」であったとすると、この方法は単なる社会保険料逃れだとして認められなくなります。

れっきとした外注先として工事を受注、完了させるという体制を整えておく必要があるのです。

## シニア起業

60歳で定年退職を迎えたシニアの場合、余生は20～30年ある計算になります。健康なシニアであれば、この長きに渡る期間を何もせず、家に引きこもっているわけにはいかないでしょう。妻帯者であれば奥様から「まるで濡れ落ち葉族みたいね！」などと言われかねません。

せっかくの第二の人生がそんなみじめなことになるくらいなら、定年退職を逆にチャンスと捉えて、前項の例のように起業するという選択もあります。中小企業庁の調査でも、退職がシニア起業を意識したきっかけのトップとなっています。

現役時代に蓄積したキャリアを生かせば、それを活用して収入を得るスキームを構築できる可能性は十分あります。

ただしシニア期は守りの世代です。退職金すべてをつぎ込んで設備投資をしたり、町のメイン通りに立派すぎる事務所を借りたりしてまで、起業することはリスクが高すぎます。

基本的には自宅の一室を事業所とするなど、いわゆる「ＳＯＨＯ（スモールオフィス・ホームオフィス）」的な形態での起業であれば、リスクが低くいつでも事業から撤退できるので安心安全でしょう。

どうしても設備投資等に大金を投下したい場合は、ご自分のシニア剰余金の範囲内の投下資金額であれば、とりあえずは許容範囲内かと判断されます。

税務面では、起業形態が個人であれ法人であれ、様々な特典が準備されています。

特典利用の一例として、個人起業のケースにおいて、青色申告を選択し、かつ奥様を事業専従者に選定したとします。

このケースでは、青色申告特別控除額65万円と、給与所得最低控除額65万円が認められ、合計130万円もの所得を非課税とすることが可能になります。

このテクニックを利用して、もし20年間事業を継続すれば「130万円×20年＝2600万円」と、大枚の資金を課税らち外に置くことが可能になるのです。

事業を利用した節税テクニックには、このほか無数の興味深い手法が存在します。

# 第3節　退職金収入

### 退職金収入の種類

シニア期唯一の臨時ビッグマネーといえば、やはりなんといっても退職金でしょう。

退職金制度のある企業の比率は以前に比べて減少しています。かつては、退職金制度を制定して労働基準監督署に届け出ただけで、退職給与引当金を計上することにより、企業の税金を減らせる節税策なども存在していました。

しかし、現在では税収不足の折そのような節税策は廃止され、結果として税務面では、企業として退職金制度を維持するインセンティブは喪失しています。

それでも、「制度はないが、退職金支給の慣行は有り」の企業まで含めると、正規社員に対しては80％弱の企業で退職金を支給しています（勤労者退職金共済機構調べ）。

定年直前のシニアにとって、「退職金を受給できるか否か」「受給可能なら、その金額はいったいいくらになるのか」は重大な関心事です。それ次第で、ゆとりシニアライフを送れるか、節約シニアライフを強いられるかの分かれ目にもなってしまうからです。

退職金の種類としては大きく分類すると次の2種類になります。

**⑴ 退職一時金・・退職にあたり一時的に支払われる金銭、ビッグマネータイプ**
**⑵ 退職年金・・・年金形式で一定期間又は終身支払われる金銭、コツコツマネータイプ**

それぞれの制度には一長一短があるのですが、どの制度を利用するかは基本的には企業側が決めることであり、あなたはいずれかの退職金を黙って受け取るだけです。ただし例外的に、選択できる権利を従業員に対して与えているケースもあります。

## 退職一時金

退職金額は企業規模や業種、学歴、勤続年数その他様々な要素が影響するので、平均額を算出することは困難です。様々な統計を見ても、金額的にかなりの開きがあるのが実情です。それでもあえて、支給される場合の相場を示すとすれば、大企業でおおよそ2000万円弱、中小企業でおおよそ1000万円弱くらいでしょうか。

ご自分で退職金額を算定する場合は、勤務先企業の就業規則や退職金規定等を確認する必要があります。一般的に採用されている算定方式としては、次の通りとなります。

**〔退職金収入＝退職時の基本給×勤続年数×給付係数（就業規則等に記載）〕**

## 税額等算定例　（単位：万円）

| | | |
|---|---|---|
| ① | 退職金額 | 2,000 |
| ② | 退職所得控除額 | 70×(30－20)＋800＝1,500 |
| ③ | 退職所得 | (①－②)×1／2＝250 |
| ④ | 所得税＋復興税＋住民税 | 40.57 |
| ⑤ | 比率 | ④÷①≒2% |

退職金を一時金で受け取った場合には、税務上うれしい優遇制度が準備されています。長い間のお勤めご苦労様でした、という意味合いが含まれているのです。

多くのケースでは、所得税等の税金が課されることはありません。かかっても非常に低率の税金です。

このように、退職所得が税金計算上優遇されるポイントとしては、次の２点があります。

(1) 次の算式による「退職所得控除額」を控除できる

勤続年数20年以下・・・40万円×勤続年数

勤続年数20年超・・・・70万円×（勤続年数－20年）＋８００万円

(2) 税金の対象（退職所得）となるのは2分の1だけ

退職所得・・・（退職金額－①の退職所得控除額）×1／2

例えば、30年勤続したサラリーマンが退職金を２０００万円受け取ったとします。その場合でも、前項の「税額等算定例」のようにわずかの税金、比率にして２％程度の税額しか納める必要がありません。

## 退職年金

退職年金とは、退職金の原資を企業内部又は生命保険会社など企業外部の組織に積立てて管理運用させ、社員が退職すれば年金形式で毎月その社員に金銭を支払うものです。企業年金とも呼ばれています。

退職年金は、企業ごとの「退職年金規定」等により定められており、規定の内容は千差万別です。例えば支給年数に関しては5年、10年、20年、終身など様々です。また、年金形式でなく一時金での受給選択が可能か否かも企業ごとに異なります。

最近では、退職年金の一種である「４０１Ｋタイプ」という「確定拠出年金」も一般化してきました。これは勤務先から「拠出」される「確定」額を、定期預金や株式などの種類を自己責任で選んで運用し、60歳以降に原則として「年金」形式で受け取るタイプです。

あなたの会社の退職年金がどのタイプかは、リタイア後のシニア資金計画に関わる大問題です。一度勤務先の総務担当者などに確認しておくと安心でしょう。

税金面では、退職年金収入から次項の表の「公的年金控除額」が控除され、さらに各人の「所

## 公的年金控除額

| | 公的年金等の収入額(ⓐ) | 控除額 |
|---|---|---|
| 65歳未満 | 130万円以下 | 70万円 |
| | 130万円超410万円以下 | ⓐ×25%＋37.5万円 |
| | 410万円超770万円以下 | ⓐ×15%＋78.5万円 |
| | 770万円超の部分 | ⓐ×5%＋155.5万円 |
| 65歳以上 | 330万円以下の部分 | 120万円 |
| | 330万円超410万円以下 | ⓐ×25%＋37.5万円 |
| | 410万円超770万円以下 | ⓐ×15%＋78.5万円 |
| | 770万円超 | ⓐ×5%＋155.5万円 |

最低でもこれだけは毎年控除できる!!

得控除額」が差引かれた残額に対して、「所得税＋復興特別所得税＋住民税」が課税される仕組みになっています。

ただ、退職年金制度があるような企業にお勤めであった方は、厚生年金の受給額も相応の金額になるはずです。よって、厚生年金収入だけで「公的年金控除額」を使い切ってしまい、退職年金にはまともに課税される可能性も高くなります。

したがって、退職一時金と退職年金とが選択可能な場合、税金面だけで有利不利を判断すると、一般的には退職年金よりも退職一時金に分があることになります。

あとは「退職年金原資の管理運用母体の財務的健全性」や、「一時金で受給した場合の運用管理の煩雑さ」などを勘案して、いずれを選択するか判断すればよいでしょう。

# 第4節　失業給付収入

## 定年前後の臨時収入

定年が目前に迫ったサラリーマンにとって、非常に高い関心事の一つに「失業給付」が挙げられます。

失業給付とは、仕事を辞めたサラリーマンなどが、次の仕事に就くまでの期間、一定の金銭を国から受け取ることができる公的保険制度です。この保険制度の名称は「雇用保険」といいます。

サラリーマンなどの労働者を一人でも雇用する事業主は、この雇用保険制度に強制的に加入する必要があります。そのためサラリーマンなどの労働者は、雇用されると同時に、原則として雇用保険の被保険者となっています。

したがって仕事を辞めた場合には、安心して失業給付を国に請求することができる仕組みになっているのです。

この雇用保険の給付額は一律ではなく、失業時の賃金、年齢、勤続年数、退職理由などによって大きく変動します。

## 所定給付日数表

<table>
<tr><td rowspan="2">原則</td><td>（期間）<br>（区分）</td><td>1年<br>未満</td><td>5年<br>未満</td><td>10年<br>未満</td><td>20年<br>未満</td><td>20年<br>以上</td></tr>
<tr><td>全年齢</td><td>0日</td><td colspan="2">90日</td><td>120日</td><td>150日</td></tr>
<tr><td rowspan="6">特定受給資格者等</td><td>（期間）<br>（区分）</td><td>1年<br>未満</td><td>5年<br>未満</td><td>10年<br>未満</td><td>20年<br>未満</td><td>20年<br>以上</td></tr>
<tr><td>30歳未満</td><td rowspan="5">90日</td><td>90日</td><td>120日</td><td>180日</td><td>－</td></tr>
<tr><td>30歳以上<br>35歳未満</td><td rowspan="2">90日</td><td rowspan="2">180日</td><td>210日</td><td>240日</td></tr>
<tr><td>35歳以上<br>45歳未満</td><td>240日</td><td>270日</td></tr>
<tr><td>45歳以上<br>60歳未満</td><td>180日</td><td>240日</td><td>270日</td><td>330日</td></tr>
<tr><td>60歳以上<br>65歳未満</td><td>150日</td><td>180日</td><td>210日</td><td>240日</td></tr>
<tr><td rowspan="3">就職困難者</td><td>（期間）<br>（区分）</td><td>1年<br>未満</td><td>5年<br>未満</td><td>10年<br>未満</td><td>20年<br>未満</td><td>20年<br>以上</td></tr>
<tr><td>45歳未満</td><td rowspan="2">150日</td><td colspan="4">300日</td></tr>
<tr><td>45歳以上<br>65歳未満</td><td colspan="4">360日</td></tr>
<tr><td rowspan="2">高年齢求職者</td><td>（期間）</td><td colspan="3">1年未満</td><td colspan="2">1年以上</td></tr>
<tr><td>－</td><td colspan="3">30日</td><td colspan="2">50日</td></tr>
</table>

受給日数の差は最大で約１年間!!

基本的な失業給付（65歳以上で受給できる「高年齢求職者給付金」を含む）の計算方法は、次の通りとなります。

**①基本手当日額**
**離職以前6カ月の賃金合計（賞与除く）÷180(日)×給付率（※）**
**※給付率は一定の区分に応じて45%～80%**
**②給付日数**
**63頁の表の「期間（被保険者期間）」及び「区分」に該当する日数**
**③支給総額**
**①基本手当日額×②給付日数**

失業給付は、離職時の状況によって大きく変動するのですが、一つの参考として給付額が最も大きいケースで試算してみましょう。

【失業給付額】
前提・・・年齢55歳、平均賃金日額が1万5620円で、1年以上勤続した就職困難者が失業した場合

①給付日数・・・・360日
②基本手当日額・・7810円（平均賃金日額×50％）
③給付額・・・・・①×②＝281万1600円

このケースでは、たった1年働いただけでも300万円弱もの失業給付を受け取ることができるのです。

「こんなにもらえるのなら、給付日数の約1年間家で遊んでいよう！」と、のんきに構える人も出てくるはずです。

でも、そうは問屋がおろしません。失業給付は、求職活動を行うことを条件に受け取ることができるものです。面倒でもハローワークに通ったり、求人応募したりするなどの求職活動が必要となります。

その求職活動の後、4週間（28日）ごとにハローワークへ出向いて失業の認定を受けることによって、ようやく求職者の銀行口座に失業給付が振り込まれてくる仕組みになっているのです。

失業給付は多くの場合、定年前後の時期に一生に一度（一定期間）だけ受け取ることができる臨時収入だ、と考えておけばいいでしょう。

## パターン別受給額の例

| | |
|---|---|
| ① | 60歳で定年退職のパターン |
| | 13,000円×45%×150日＝877,500円 |
| ② | 59歳で退職勧奨(肩叩き等)のパターン |
| | 13,000円×50%×330日＝2,145,000円 |
| ③ | 65歳で退職のパターン(高年齢求職者給付金) |
| | 6,395円(限度額)×50日＝319,750円 |

※25歳で入社。平均賃金日額13,000円と仮定。

### パターン別の受給額

失業給付がたった一度だけしかもらえないものなら、当然ながらできるだけ多くの手当を受給したいものです。

とはいえ、実際は隠れて働いているのに失業中だと偽ったり、まったく健康なのに病気のふりをしたりして不正受給することはNGです。後ろに手が回ってしまいます。

ただご自分の離職時の状況を想定して、受給額ができるだけ多くなるように、失業給付受給のパターン選択を検討しておくこと自体は全く問題ありません。みすみす多く受け取れるはずの失業給付をもらい損ねて、生活が困窮してしまうリスクを回避する自己防衛にもつながるからです。

上の表では参考のため、同一人物について、3種類の退職パターンにおける受給額を示してみました。

この例のように、「いつ辞めるか」「どういう辞め方をするか」によって、受給額に何倍もの開きが出ることがわかります。

また辞め時がたった1日前後するだけで、給付日数の区分が異なり、受給額が大きく変動することもありうるのです。
②の「59歳で退職勧奨（肩叩き等）のパターン」などでは、退職勧奨に応じれば、さらに勤務先から割増退職金支給の恩典を受けられる可能性もあります。
失業給付はポジティブな見方をすれば、一生のうち何度も利用できないせっかくのチャンスです。したがって状況が許せばと言う条件付きですが、選択可能なパターンの中からあなたにとって最も有利なパターンを選ぶようにしてください。

## 意外と楽しい公共職業訓練

失業給付を受給するためには、先に述べたようにハローワークへ出向き、求職活動を行う必要があります。

この求職活動中において、ハローワーク窓口における職業相談等で認められた場合には、パソコン操作関連の情報処理や介護サービス等の職業訓練を受けることができます。

これらの職業訓練は国や都道府県など、公共が実施するものなので「公共職業訓練」と呼ばれています。就職率の面でもこれらの訓練終了者は、平成24年度のデータでは約70％から80％と高い就職率を誇っています。

訓練期間はおおむね3カ月から1年くらいで、訓練の種類は情報系や医療福祉系の他にもデザイン系、機械系、居住系など幅広い分野にわたっており、多くのコースが準備されています。時には介護福祉士コースや宅地建物取引士コースなどの、豪華なコースが開設されることもあります。

ただ、常にこれら全種類のコースが開かれている訳ではありません。また募集期間や訓練期間と、あなたの失業期間とをマッチさせることは意外と難しく、わずかなタイミングのズレで希望するコースが受けられないケースも多くあります。希望するコースを受けられた方は、ラッキーだったといえるかも知れません。

各コースの受講費用は原則的には公共負担とされ無料なのですが、一部テキスト代等の実費負担が必要なコースもあります。

なお訓練期間中に受給できる手当には、次のように各種のものがあります。

**①基本手当・・・・本来の失業給付**（所定給付日数分）
**②受講手当・・・・1日当たり500円**
**③通所手当・・・・1月当たり限度額の4万2500円まで**（一般の通勤手当に相当）
**④訓練延長給付・・所定給付日数経過後も一定の要件下で、①・②・③を受給**

これらの訓練受講者は身分的には失業者であるため、客観的にはネガティブなイメージを抱かれがちです。しかし、当の訓練受講者の側では意外とそのような感覚は薄く、その多くは和気あいあいと学生に戻った気持ちで、楽しく受講しているようです。

基本的にこれらの訓練は、失業給付を受給中の人が受けるものです。しかし、失業給付の受給を終了してしまった人でも、ハローワークの指示により訓練を受けられる場合もあります。この場合には、訓練中の生活を支援するという名目で、月額10万円の給付金（職業訓練受講給付金）の受給も可能となっています。

## 失業給付と年金の併給

60歳以降で定年となり、会社を退職した方から多い質問で「失業給付と年金の両方を受け取ることができるのでしょうか？」というものがあります。

答えは、両方同時に受け取ることはできません。かつて平成10年3月までは両方受け取ることができたのですが、現在ではどちらか一方しか選択できません。

双方の受給権がある場合には、年金を受給している方が失業給付を受給しようとすると、「ハローワークで求職の申し込みを行った月の翌月から、基本手当の受給期間が経過するまで」は、次項の図のように年金の全額が支給停止となります。

なお、この質問の中の「失業給付」には、厳密な意味において、65歳以上で受給可能な「高

**支給停止の例**

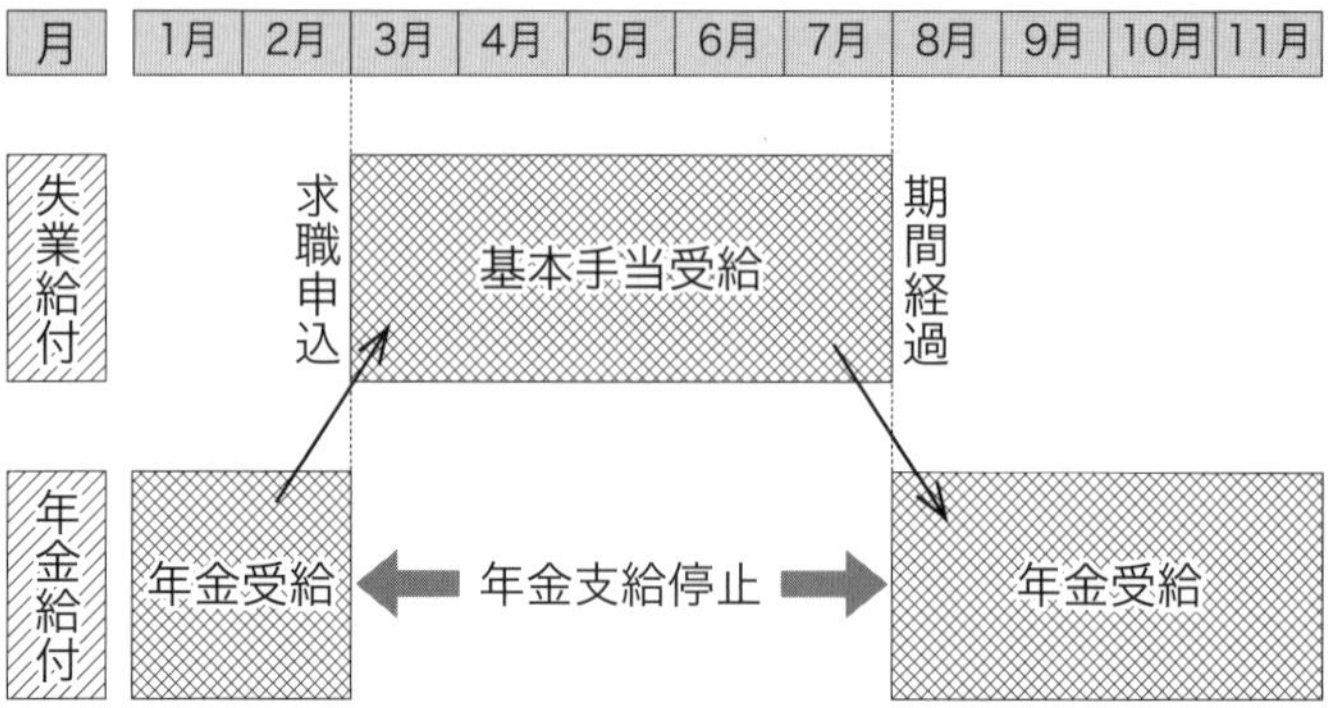


年齢求職者給付金」は含まれません。高年齢求職者給付金と年金とは、例外的に併給可能とされています。

## 失業給付と年金の損得

次に多い質問に「失業給付と年金のどちらを受給すれば得なのでしょうか？」というものもあります。

この質問に対する答えは「ケースバイケース」ということになります。個々人ごとの退職時までの勤続状況や、社会保険の加入状況などが異なるからです。

具体的に双方の受給額を知りたい場合は、勤務先に総務部などがあれば、その部署で聞いてみるのが手っ取り早いでしょう。

受給年金額に関してはプライベートなことなので、勤務先に知られたくないのであれば、ご自分または配偶者などの代理人が、年金事務所等に出向いて聞くことも可能です。

ただ一般的に金額面では、失業給付の方が年金受給額よりも大きいようです。しかし失業給付を選択すると求職活動を行う必要が生じ面倒なので、多少の受給額の差であれば、年金を選択する人が多いでしょう。

ただし、この損得判断を税金面から見た場合、失業給付は非課税所得扱いされるので、年金のように所得税や住民税などを納付する必要がなく得になります。さらに言えば、国民健康保険料や介護保険料なども、失業給付相当分については計算の対象外となります。よって、やはりこれらの要素を総合的に勘案して、いずれを選択するか判断することが必要になるでしょう。

「失業給付と年金の損得原則」に関してはここまで述べた通りなのですが、平成13年4月以降は両者の関係性が大きく変化し始めました。

変化の理由は「特別支給の老齢厚生年金」の支給開始年齢が引き上げ開始となったからです。具体的には平成13年から平成42年にかけて、性別及び生年月日に応じて徐々に支給開始年齢が引き上げられています。その影響で、失業給付しか受給できないシニアが全国的に増加中にあるのです。

次頁の図は男性のケースを例に、年月の経過に伴って年金を受給できるようになる年齢を示したものです。

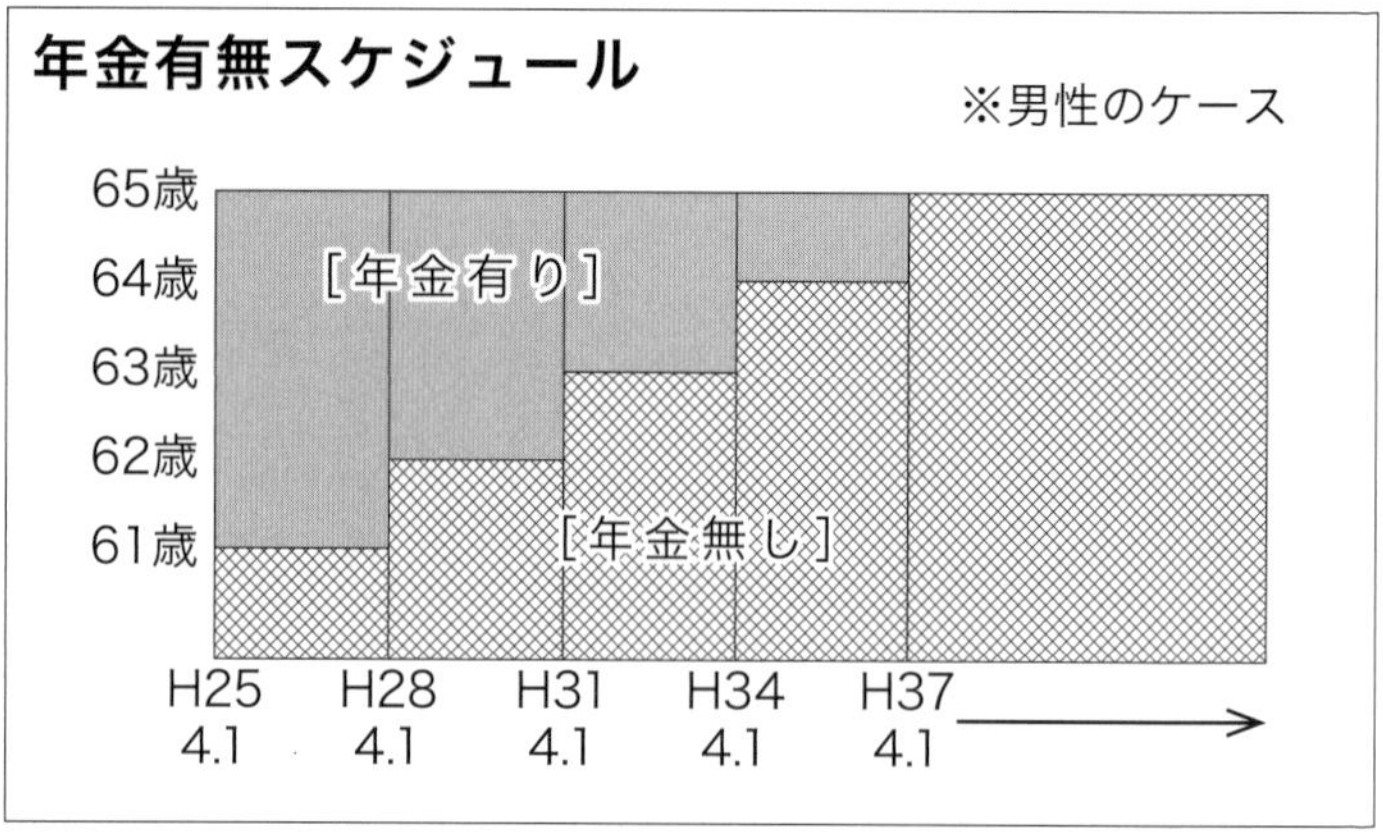


上の図を厳密に理解するには、「第2章　第1節　トリプルインカム」にある表と関連付けて読み解く必要があるのですが、ここではイメージとして捉えてください。

失業給付と年金とを選択できる権利があるのは、図の上側の〔年金有り〕に該当する方々だけです。

そのため、図の下側の〔年金無し〕に該当する方々は、失業給付と年金の選択に悩むまでもなく、所定給付日数分の失業給付を受給するしか道は無くなってしまったのです。

# 第5節　助成金収入

## 高年齢雇用継続給付

サラリーマンが勤務する事業所は、法令を順守している限り、原則として雇用保険制度に加入しています。ということは、サラリーマンは基本的には各自が「雇用保険被保険者資格」を保有していることになります。

この雇用保険被保険者資格を保有している者は、当然に雇用保険制度に基づく各種の助成金を受給できる権利を有していることになるのです。

各種助成金の中で、シニア関連として代表的なものが「高年齢雇用継続給付」です。

この給付金は、60歳の定年を超えて働いており、かつ賃金が一定割合低下したような場合に、働いている本人が受け取れるものです。

ケースによっては、総額で数百万円の受給額となる可能性もあります。ですので、支給要件に該当した時は、忘れずに受け取るようにされてください。

この制度のメイン給付である「高年齢雇用継続基本給付金」の概要は、次の通りとなっています。

①支給要件・・・次の要件すべてを満たすこと

㋐雇用保険の被保険者期間が５年以上であること

㋑60歳以上65歳未満の一般被保険者であること

㋒60歳以降の賃金が60歳時点と比較して75％未満に低下したこと

㋓各月の賃金が34万１０１５円以下であること

②支給額・・・60歳から65歳に達する月まで次の額を支給

㋐賃金が61％未満に低下・・・賃金の15％

㋑賃金が61％以上75％未満に低下・・・低下率に応じて賃金の15％未満

例えば60歳到達時点の賃金が30万円であった方が、その後賃金が18万円に低下した場合は、次の計算による給付金が支給されることになります。

(1) 支給率・・・18万円÷30万円＝60％（②㋐に該当するので15％を適用）

(2) 支給額・・・18万円×15％＝２万７０００円（月額）

なお少しまぎらわしいのですが、高年齢雇用継続給付には「高年齢雇用継続基本給付金」と類似した給付で、「高年齢再就職給付金」というものもあります。

こちらの方は、「60歳以後の再就職した月から、条件に応じて、1年又は2年を経過する月までの支給」と定められているので、支給額は「高年齢雇用継続基本給付金」に比べていくぶん少なくなってしまいます。

## 介護休業給付

60歳前後のサラリーマンの場合、その親世代の年齢はおおよそ85歳以上になると思われます。85歳以上にもなると要介護者の比率は60・3％（生命保険文化センター平成27年調べ）にも上っており、親の介護のために休業せざるを得ないケースが急上昇する年代です。

そんな時に利用できる給付制度が「介護休業給付」であり、休業日数に応じた給付金を受け取ることができるのです。

受給日数は最大で通算93日ですが、この期間中有給であるか無休であるかに関しては、勤務先の規定に従うことになります。

「急に親が要介護状態になった」あるいは「介護度が進行したが、介護施設に空きがなかった」というケースでの利用が多いでしょう。

この制度の概要は次の通りとなっています。

**①支給要件・・・主に次の要件を満たすこと**
**㋐家族を介護するための休業であること**
**㋑介護休業開始日前2年間に一定以上の日数働いたこと**
**②支給額**
**休業開始時賃金日額×支給日数×給付率67%**

平成28年7月31日までは給付率が40%と低かったのですが、平成28年8月1日より67%に引き上げられ、利用しがいのある制度となりました。

## 教育訓練給付

雇用保険で利用できる給付金制度の一つに、「教育訓練給付」という制度があります。

この制度は、サラリーマンなどの主体的な能力開発、いわゆる自己啓発等に対する取り組みを支援するために、教育訓練受講費の一部を助成するというものです。

たとえば、定年後は今までと違う職種に就いてみたいという方や、会社による肩たたきの対象から除外されるよう何らかの資格を取得しておきたいという方にとって、利用価値のある制度です。

受講可能な講座の種類は、情報処理、簿記、介護福祉士など様々なコースが設定されています。詳細はハローワークインターネットサービスの該当ページ（http://www.kyufu.javada.or.jp/kensaku/T_K_bunya）でご覧になれます。

助成率は以前より低下しているのですが、もし自己啓発等で各種講座を受講するつもりであるのなら、せっかくのチャンスですからハローワークに申請して給付金を受け取りましょう。

この制度の概要は次の通りです。

**①支給要件・・・次の要件すべてを満たすこと**

**㋐被保険者であった期間が原則として3年以上あること**

**㋑前回のこの制度の利用から原則3年以上経過していること**

**㋒厚生労働大臣が指定する教育訓練を受講し終了したこと**

**②支給額**

**㋐原則・・・教育訓練経費の20％（上限額10万円）**

**㋑特例・・・被保険者期間が10年以上など一定の要件を満たす場合は40％**

**（上限額は最大3年間で96万円）**

# 第6節　年金収入

## シニア期の花形収入

永らくお待たせしてしまいましたが、ようやくシニア期における収入の花形である「年金収入」の節に入りました。

シニア期における収入には、給与収入、事業収入、失業給付収入、など様々なタイプのものがありますが、年金収入はその「受給期間」及び「受給総額」、いずれの面から見ても歴然とした花形収入に該当します。

「受給期間」の面では、公的年金の場合民間の多くの年金と異なり、生涯受給することができます。

たとえば、受給開始年齢が62歳の夫と、専業主婦で同じく62歳の妻のケースで見てみましょう。

このケースでは、夫婦とも平均寿命まで生きたとすると、最終的に女性の平均寿命（平成26年データ）である86・83歳までは、24・83年間もあります。

つまり、おおよそ四半世紀もの長期間、年金を受給でき、さらに長生きすればするほど多くの年金を受給することができるのです。

「受給総額」の面では、厚生労働省が設定する「標準世帯」における年金受給額（平成28年度）は月額で22万１５０４円となっています。

標準世帯とは、夫婦二人がそれぞれ次の条件を満たしていることを前提としています。

**①夫・・・・平均的な収入で、40年間就業していたこと**
**②妻・・・・①の40年の間すべて専業主婦であったこと**

では標準世帯の月額年金受給額を基に、受給年金総額を計算してみましょう。

「標準世帯月額年金受給額２２１５０４円」と、先ほどの夫婦の受給期間「24・83年間」を基に算定してみると、

22万１５０４円×24・83年×12カ月＝約６６００万円

となり、標準世帯が生涯受給できる年金の総額は、６６００万円もの驚きの大きな金額になってしまいます。

なお、この算定額は理解度を増すために、やや単純化した計算を行っております。

厳密な計算を行う場合は、「老齢基礎年金は65歳から支給されること」「男性の平均寿命は

女性よりも短いこと」「夫の死亡後は遺族年金が支給されること」などが影響するため、受給年金総額は先の金額より多少低下します。

そのことを差し引いたとしても、やはり年金収入はシニアにとって、「受給期間」においても「受給総額」においても花形であることは疑うべくもありません。

## 厚生年金と国民年金での明暗

先ほど示しました、年金試算段階におけるモデル世帯である「標準世帯」においては、月額年金収入が約22万円と算定されていました。

この金額だけを見ると、「ちょっと少ないけど、節約すればなんとかやっていけるだろう。」といくぶん安心した人も多いはずです。

しかしこの金額は、あくまでも「夫＋妻」を前提にした試算です。さらに厳密に言えば「夫の老齢厚生年金＋夫の老齢基礎年金＋妻の老齢基礎年金」を前提にした試算とされているのです。

これでは前提そのものが複雑であり、「もしかすると、政府の恣意的な年金計算によって、情報操作されてしまうんじゃないか？」と疑心暗鬼に陥る人もいることでしょう。

そこで、ここでは年金収入をもっとストレートに理解できるように、計算を単純化して、個人単位で「厚生年金をもらえる人」か「国民年金だけしかもらえない人」か、に分けて比較してみます。

①厚生年金をもらえる人
前提・・・・平均的な収入で40年間厚生年金に加入
受給額・・・約15・6万円（月額）
②国民年金だけしかもらえない人
前提・・・・40年間国民年金に加入
受給額・・・約6・5万円（月額）

この結果を見ると、「厚生年金をもらえる人」の場合は月額年金収入が15・6万円となっています。住宅ローンなどの返済がなければ、単身なら生活を切り詰めて、ぎりぎりなんとかやっていける金額でしょう。

一方「国民年金しかもらえない人」の場合、月額年金収入が6・5万円となっています。日本に住んでいる限りこの金額で、いわゆる「人並みの生活」は不可能です。

つまり「厚生年金をもらえる人」であるか「国民年金だけしかもらえない人」であるかによって明暗がはっきり別れてしまうのです。

すなわち、後者の「国民年金だけしかもらえない人」の場合は、潤沢なシニア剰余金がなければ老後破産する可能性が極めて高くなってしまう、ということなのです。

## 年金の構造

「自分の場合は、いったいどんな年金がもらえるのでしょうか?」という質問をよく受けます。シニアにとって年金は最重要な収入であるにもかかわらず、その仕組みを理解している方は多くありません。

その主な理由の一つとしては、年金には一見しただけでは判別が困難な、次の6種類もの形態があるからです。

①老齢基礎年金・・・65歳以上で一定要件を満たす者に支給
②障害基礎年金・・・障害者で一定要件を満たす者に支給
③遺族基礎年金・・・被保険者等が死亡した場合一定要件を満たす遺族に支給
④老齢厚生年金・・・65歳以上等で一定要件を満たす者に支給
⑤障害厚生年金、障害手当金・・・障害者で一定要件を満たす者に支給
⑥遺族厚生年金・・・被保険者等が死亡した場合一定要件を満たす遺族に支給

わが国の年金制度は、昭和61年より「2階建て年金制度」という独特な形態を採用しています。

前項「①②③」の3種類の基礎年金は「基礎」という文字が含まれているように、2階建てのうち「1階部分」を形成しています。（左図の1階部分参照）
前項「④⑤⑥」の3種類の厚生年金は、1階部分の基礎年金の上に乗るかたちとなります。つまり、2階建てのうち「2階部分」を形成することになるのです。（左図の2階部分参照）
厚生年金を受給できる人の場合、支給要件に該当することを前提として「①②③のいずれか＋④⑤⑥のいずれか」を受給できます。中でも最も多いのはやはり「①老齢基礎年金＋④老齢厚生年金」の組合せです。

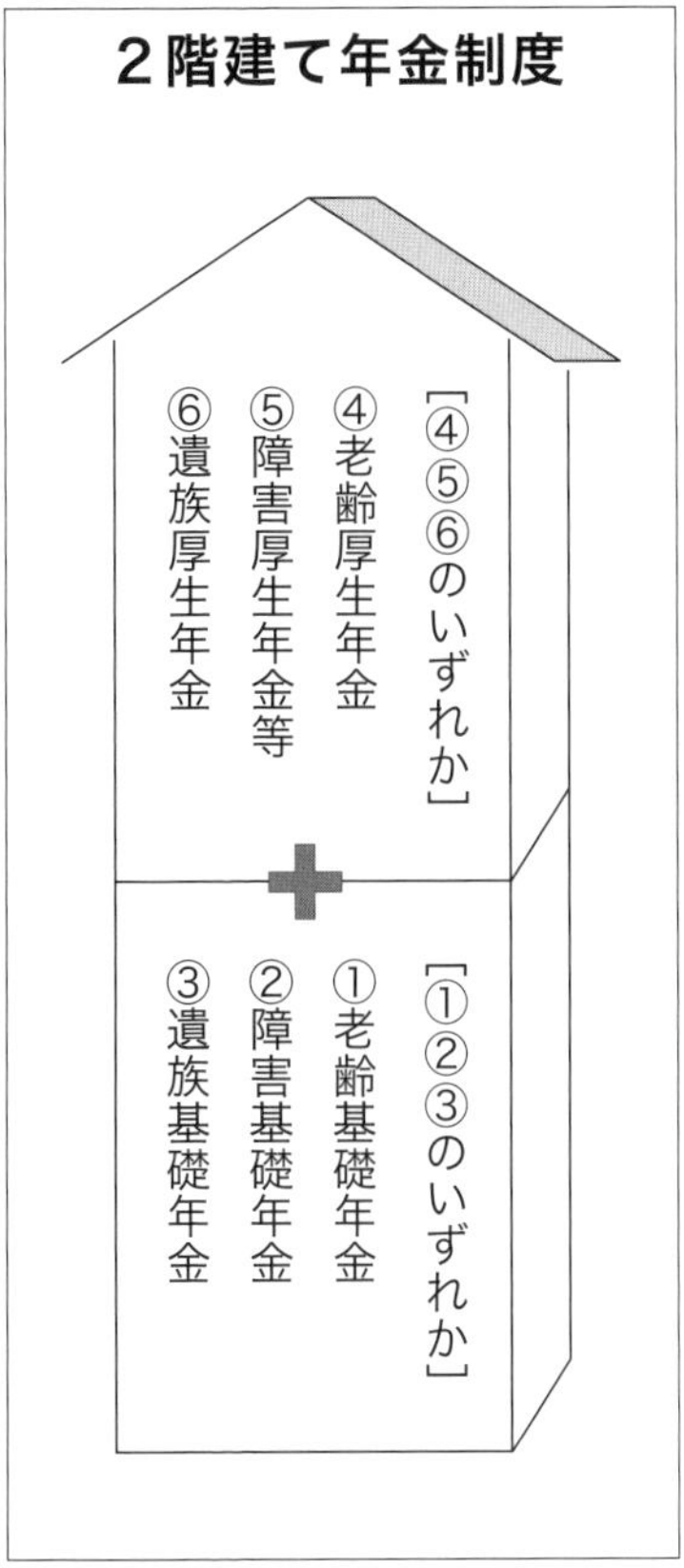

一方、基礎年金だけしか受給できない人の場合は、「①②③のいずれか」しか受給する権利がありません。最も多いのはやはり「①老齢基礎年金」です。

**老齢基礎年金**

1階部分の基礎年金は、原則としてすべての日本「国民」が受給できる「基礎」的な「年金」です。その意味で「国民年金」とも呼ばれ「老齢基礎年金」はその代表格です。

まずこの老齢基礎年金の仕組みを理解しておきましょう。

**①支給要件・・・「保険料納付済期間」と「保険料免除期間」が原則として25年以上**
**※消費税率を10％に引き上げ後は10年以上となる予定**
**②支給開始年齢・・・原則として65歳**
**③支給額・・・・年額78万1００円（平成28年度）**

①支給要件のうち「保険料納付済期間」は、年金保険料の未納がなければ、原則として20歳から60歳までの40年間となります。サラリーマンなどとして、社会保険料を給料から天引きされていた期間も、保険料納付済期間とみなされます。

また「保険料免除期間」とは、所得が少ないなど保険料を納付することが困難な場合に、「届

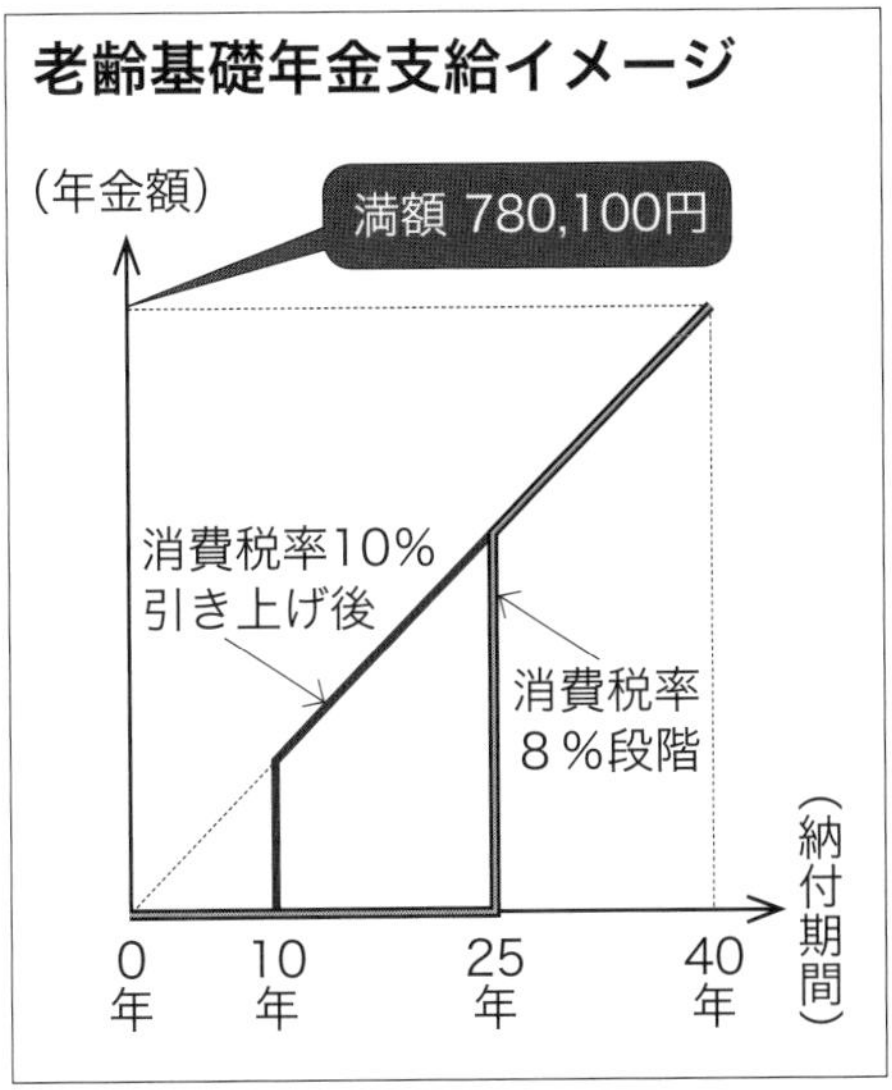

**老齢基礎年金支給イメージ**

出のみで（法定免除）」または「承認により（申請免除）」保険料の納付が免除される期間をいいます。

②の支給開始年齢は原則として65歳なのですが、希望により60歳から70歳までの任意の時点から受け取ることも可能です。その場合は一定の率で支給額が増減します。

③の支給額は、20歳から60歳までの40年間保険料を納めた場合の金額です。従って40年に満たない場合は、不足する期間に応じて支給額が減額されます。（上記図の太線参照）。なおこの③の支給額は月額にすると6万5008円（平成28年度）となります。

## 老齢厚生年金

6種類ある年金のうち老齢厚生年金は、通常は老齢基礎年金よりも支給額が大きく、メインの年金となります。

①支給要件

㋐老齢基礎年金の支給要件を満たしていること

㋑（65歳未満の場合）厚生年金保険の被保険者期間が1年以上あること

㋒（65歳以上の場合）厚生年金保険の被保険者期間が1カ月以上あること

②支給開始年齢（P47「老齢厚生年金の支給開始年齢」参照）

③支給額・・・・原則として㋐＋㋑

㋐平成15年3月までの被保険者期間・・・ⓐ×ⓑ×ⓒ

ⓐ平均標準報酬月額

ⓑ生年月日に応じて、0・0095〜0・007125

ⓒ被保険者期間の月数

㋑平成15年4月以後の被保険者期間・・・ⓐ×ⓑ×ⓒ

ⓐ平均標準報酬月額

ⓑ生年月日に応じて、0・007308〜0・005481

ⓒ被保険者期間の月数

この老齢厚生年金の仕組みはかなり複雑で独特なので、「年金王宮の迷路」に迷い込まないように原則的な概要のみの説明にとどめておきます。

なお、厚生労働省が算出した平均年収（月額42・8万円）で、40年間厚生年金に加入していた場合、ひと月あたりの支給額は9万1488円（平成28年度）となります。

**ねんきん定期便**

「日本年金機構」では、厚生労働省からの委託を受けて、年金事務を所掌しています。主な業務の一つとして「国民年金及び厚生年金保険の加入者」に対して、毎年一回誕生月に「ねんきん定期便」を送付しています。

このねんきん定期便は、シニアである「50歳以上の方用」と、まだシニアとなっていない「50歳未満の方用」で多少内容が異なっています。

シニアである「50歳以上の方用」のものには、次の項目が記載されています。

- **①これまでの年金加入期間**
- **②老齢年金の種類と見込額（60歳まで同条件で加入と仮定）**
- **③最近の月別状況**
- **④これまでの保険料納付額**

このねんきん定期便を見れば「②老齢年金の種類と見込額」で、あなたが将来もらえる年金額がわかる仕組みになっています。

一時期、年金制度の不備や旧社会保険庁の不手際などによる「消えた年金問題」が社会問題化したことがありました。その反省から、ねんきん定期便などで、国の方から積極的に国民に対して各人の年金状況を開示するように改められたのです。

ただ現在でも、この定期便の記載内容に誤りや漏れなどが見つかることがあります。

特に転退職の多かった女性の場合などは、受給額を増やすチャンスかも知れませんので、一度じっくり「①これまでの年金加入期間」などの加入記録を眺めてみた方が良さそうですね。

また、パソコンやスマートフォンの操作に抵抗のないシニアであれば、「ねんきんネット」を利用することもできます。

これはインターネットで、ご自分の年金記録を確認したり、「ライフプランに合わせた年金見込額」をシミュレーションできたりするサービスです。

興味のある方は、該当のホームページ(http://www.nenkin.go.jp/n/www/n_net/)にアクセスして、「新規ご利用登録」から始めてみてください。

## 実質的な年金収入は

現在、国(地方分を除く)の借金は、１０００兆円をゆうに超える天文学的な数字に達し、かつ、少子高齢化が進行し続けている現況です。

これらを鑑みれば、短期的に年金が増額されることがあったとしても、長期的に年金が増額されることなどは考えられません。

すなわち、将来的に年金が減額されること自体は既定路線なのです。問題はどの程度まで減額されてしまうかということでしょう。

5年ごとに実施される厚生労働省「年金財政検証」においては、将来予想される多くの減額パターンが示されています。直近の年金財政検証において最も大きい減額率のパターンでは、年金受給額が実質的に40％前後減額されるパターンをも示しています。

ただ、その最悪のパターンが確定した訳ではありませんので、ここでは「減額が生じない場合（0％）」と「最大に減額した場合（40％）」の中間である20％を最終減額率とします。

さらに「最終的に20％の減額率」ということは、次項の図のように「(当初0％＋最終20％)÷2＝10％」、つまり年金収入総額の「みなし減額率」は10％、という論理になるのです。

「最終的に20％の減額」と聞くと「それは少々大袈裟でしょう！」と感じる方も多いはずです。しかし年金減額の象徴的な例として、100％減額のケースがあったことをご存じでしょうか。平成19年4月改正のケースです。

その改正以後70歳となる企業経営者等のうち、標準報酬月額が一定額以上の方々が、老齢厚生年金を全く受けられなくなってしまいました。

筆者の関与先の経営者などでも、ようやく受給できると期待していた年間数百万円もの老齢厚生年金が、青天の霹靂のごとく霧のように消え去ってしまったのでした。

このように、100%減額となってしまったケースが実在するのです。

年金支給開始時期に関しても、現在予定されている65歳に引き上げが完了したのちには、67〜68歳前後への更なる引き上げのアドバルーンも見えてきた昨今です。

**みなし減額率のイメージ**

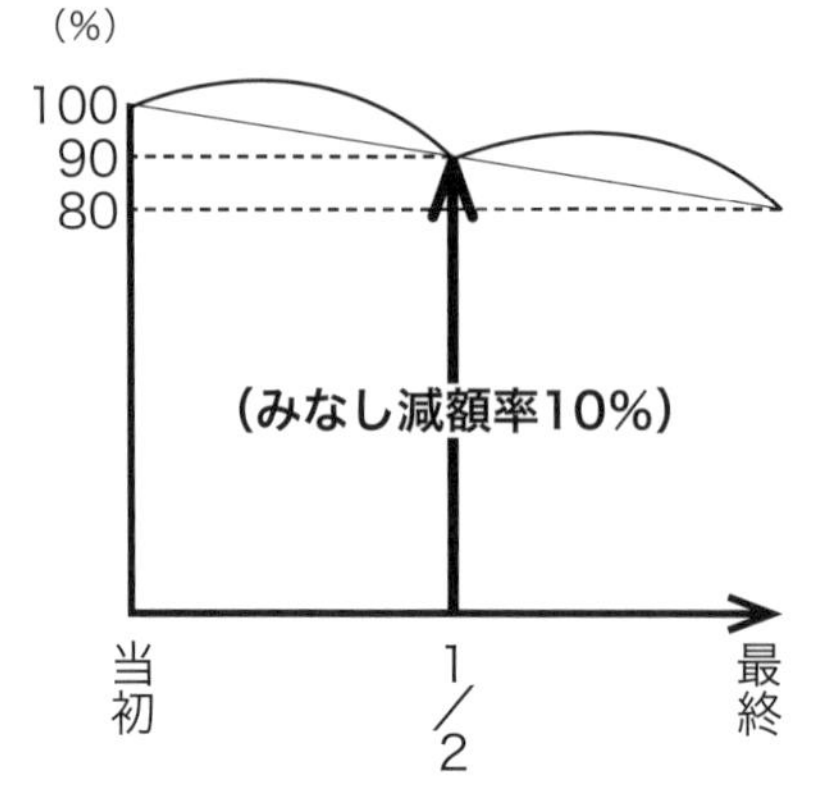


これらのマイナス要因を考慮すると、シニア会計において年金収入の10%減額を織り込んでおくことは、老後破産を避ける意味においても「保守主義の原則」に適《かな》うものと言えるでしょう。

例えば、7000万円の年金収入が見込まれる方の場合、実質的年金収入は次の計算の通りとなります。

7000万円×（100%－10%）
＝6300万円

皆さんのうち、ご自分で正確な年金収入総

## 実質的年金収入・簡便計算表

| | |
|---|---|
| (1)年金受給者以外 | |
| ① | 「ねんきん定期便」65歳までの欄の年金額×(65歳−受給開始年齢) |
| ② | 「ねんきん定期便」65歳以降の欄の年金額×(90歳−65歳) |
| ③ | (①+②)×(100%−みなし減額率10%)=実質的年金収入 |
| | |
| (2)年金受給者(65歳未満) | |
| ① | 「年金額改定通知書」等の支給停止後額×(65歳−現在の年齢) |
| ② | 「年金額改定通知書」等の基本額×(90歳−65歳) |
| ③ | (①+②)×(100%−みなし減額率10%)=実質的年金収入 |
| | |
| (3)年金受給者(65歳以上) | |
| ① | 「年金額改定通知書」等の基本額×(90歳−現在の年齢) |
| ② | ①×(100%−みなし減額率10%)=実質的年金収入 |
| | |

額を計算可能な方は、その金額を基に実質的年金収入を算定されてみてください。

ご自分では無理だと思われる方は、簡便法として「実質的年金収入・簡便計算表」の計算式をご利用いただいてもかまいません。

将来的には年金支給開始年齢の引上げにより、すべての国民が65歳まで年金を受給できなくなることは確定済みです。ただ引上げ完了までの間は、65歳以前において年金を受給できる方とできない方が混在している社会情勢です。

したがって、当面は区分計算等が必要となりますので、実質的年金収入を算定する場合は、上表の計算式を利用いただければ結構でしょう。

なお年金受給者で、将来にわたって在職予定の方の場合、前項の表の〔「年金額改定通知書」等の基本額〕のうち一定額が支給停止され続ける可能性があります。その場合の支給停止額の計算方法は、次節で解説しています。

手っ取り早く支給停止額を知りたい場合は「ねんきんネット」を利用するか、お近くの「年金事務所」へ出向いて試算してもらうことも可能です。

# 第7節　在職老齢年金等収入

## 在職老齢年金とは

「もらえるはずの年金がカットされるとは、一体どういうことなのでしょうか？」という質問は、常に年金関連質問の上位を争っています。

年金の支給停止（カット）は「在職老齢年金」という制度に基づいてなされます。

この制度は「老齢年金」、具体的には「老齢厚生年金」を受給している人が、社会保険適用事業所で働いていると、すなわち「在職」していると、年金の全部または一部がカットされてしまうというものです。

この制度の存在はシニアにとって極めて影響度が高いので、前節の「年金収入」とは別建てで、ここで「在職老齢年金等収入」の節を設けました。

制度の仕組みは大変複雑なのですが、基本的な部分だけでも理解しておかないと、みすみす受給できたはずの年金を捨ててしまうことになりかねません。

場合によっては数百万円どころか数千万円もの年金を、知らず知らずのうちに自主的に放棄してしまう、という恐ろしい結果になってしまいます。

また、カットされる年金は、受給者が65歳未満か65歳以上かで大きく異なります。

## 65歳未満の場合

年齢が65歳未満で年金を受給している人の場合は、65歳以上の場合と比較して、年金カット額はかなり大きめになります。

カット額の計算は、4種類のパターンに分けて行われます。具体的には「給料が47万円以下か超えるか」と、「年金が28万円以下か超えるか」により「2×2＝4（パターン）」となるのです。

しかし、ほとんどの受給者は「給料が47万円以下」かつ「年金が28万円以下」に該当するはずなので、効率性重視によりこのパターンについて具体例で説明します。

このパターンの年金カット額の計算式は次の通りとなります。

**〔65歳未満の年金カット額＝（給料＋年金－28万円）÷2〕**

では具体例を設定して、この式を当てはめて計算してみましょう。

①前提・・・・給料30万円、年金10万円

②カット額・・（給料30万円＋年金10万円－28万円）÷2＝6万円

この例の場合には、本来月額10万円もらえるはずの年金が6万円カットされて、たった4万円だけしかもらえなくなってしまいました。

なお、この計算上の「給料」と「年金」は、便宜的に分かりやすい名称を使用しています。厳密に言うと「給料」は、「総報酬月額相当額（その月の標準報酬月額＋その月以前の1年間の標準賞与額合計÷12）」が正式名称となります。また「年金」は、「基本月額（老齢厚生年金〈加給年金を除く〉÷12）」が正式名称ということになります。

このほか「年金をカットされずに、なんとか満額を受け取ることはできませんか？」という質問もよく受けます。これについては、方法がないわけではありません。

その方法には二種類あり、一つ目は「厚生年金の非適用事業所を探し、その事業所で勤務する」という方法です。

二つ目は、「厚生年金の適用事業所において、勤務時間または勤務日数を正社員の4分の3未満の状態で勤務する」という方法です。

後者の方法については、企業規模に応じて今後徐々に利用不可能となってくるのですが、当面検討の余地はあるでしょう。

## 65歳以上の場合

65歳以上の場合、年金カットの計算は比較的単純です。

65歳未満の場合の4パターンの計算式に比較して、次の通り1パターンの計算式のみの単純な仕組みとなっています。

**〔65歳以上の年金カット額＝（給料＋年金－47万円）÷2〕**

では、65歳未満の場合の具体例に前提を統一して、カット額を試算してみましょう。

①前提・・・・給料30万円、年金10万円
②カット額・・（給料30万円＋年金10万円－47万円）÷2＝0円（マイナスとなるので）

このケースでは年金はカットされずに、満額の年金10万円を受給できることになりました。

この場合の年金とは「老齢厚生年金」のことであり、「老齢基礎年金」はカットの対象とはならずに満額が支給されますのでご安心を。

このように65歳以上の場合、実際に年金がカットされるケースはかなり少ないので、あまり心配する必要はないでしょう。

ただし会社経営者などの場合は、高額の役員報酬を受け取っているケースが多いので注意が必要です。

たとえば、本来受給できる老齢厚生年金が月額15万円の場合、会社から受け取る役員報酬

が62万円以上になると、老齢厚生年金は15万円全額がカットになってしまうからです。

**繰上げ受給**

「老齢基礎年金」は、65歳にならないと受給できません。

しかし原則として60歳を過ぎた方が希望すれば、65歳に達する前でもこの老齢基礎年金を受給することができます。これが「老齢基礎年金の繰上げ受給制度」です。

気が短くて65歳まで待っていられない方や、病気がちで長生きする自信がないというような方は、この制度を利用すれば早めに年金をもらい始めることができます。

ただし早くもらい始められる分、受給額は減額されます。減額率は次の計算式の通りと定められています。

〔**減額率＝0・5％×繰上げ請求月から65歳に達する日の前月までの月数**〕

例えば満額の老齢基礎年金を受給できる方が、60歳からの繰上げ受給を選択した場合、受給できる年金額は次の計算により算出されることになります。

①老齢基礎年金の月額・・・6万5008円（平成28年度）

②減額率・・・・・・0・5％×60月＝30％
③繰上げ受給額・・・①×（100％－30％）＝4万5505円

よくある誤解として、「繰上げ受給を選択しても、65歳になれば減額される前の、元の年金額が支給されるはずだ！」と思っている方が多いようです。

しかし残念ながら、そこまで都合の良い制度ではありません。65歳以降も減額されたままとなり、生涯その減額率は固定されることになってしまうのです。

おおよそ77歳より長生きする場合は、繰上げ受給をしない方が得になります。しかしこれは結果論にすぎません。人の寿命については予知不能だからです。

あといくつか注意点があります。たとえば、「障害の程度が悪化して事後重症になった場合でも障害基礎年金を受け取れない」「寡婦年金が受給できない」「遺族厚生年金等が併給されない」などです。

これらのデメリットも考慮に入れて、この制度を選択するか否かを判断してください。

また、「老齢厚生年金」も繰上げ請求が可能です。ただし「老齢厚生年金」単独では繰上げ請求できません。「老齢基礎年金」とセットでの繰上げ請求しか認められていませんので注意が必要です。

## 繰下げ受給

老齢基礎年金の繰上げ受給とは逆に、65歳以後70歳までの方が希望すれば、老齢基礎年金の受給開始を遅らせることができます。これが「老齢基礎年金の繰下げ受給制度」です。当座の生活資金に余裕がある方や、健康に自信のある方などは、この制度を利用すれば将来的に受け取る年金を増額することができるのです。

増額率は次の計算式の通りと定められています。

**〔増額率＝0・7％×65歳に達した月から繰下げ申し出の前月までの月数〕**

例えば満額の老齢基礎年金を受給できる方が、70歳までの繰下げ受給を選択した場合は、次の計算により算出された年金額を生涯受け取ることができます。

①老齢基礎年金の月額・・・6万5008円（平成28年度）
②増額率・・・・・0・7％×60月＝42％
③繰下げ受給額・・・①×（100％＋42％）＝9万2311円

また、「老齢厚生年金」も繰下げ請求が可能です。増額率は老齢基礎年金の繰下げの場合と同じく、一月あたりの減額率は0・7％と定められています。

**加給年金**

厚生年金保険の被保険者期間が20年以上ある方などで、生計を維持する配偶者や子がいる場合には、原則として本人が65歳に達した時点でプラスの年金を受け取ることができます。これが「加給年金」です。

具体的な配偶者や子の要件と支給額（平成28年度）は次の通りです。

**①配偶者・・・・・・・・65歳未満である場合に支給**
**年間支給額・・・受給者の年齢に応じて、25万7700円〜39万1000円**
**②1人目、2人目の子・・・18歳到達年度の末日までの間の子等に支給**
**年間支給額・・・各22万4500円**
**③3人目以降の子・・・・・18歳到達年度の末日までの間の子等に支給**
**年間支給額・・・・7万4800円**

前項の通り「①配偶者」に係る加給年金については、配偶者が65歳になると打ち切られます。ただし、配偶者自身が厚生年金に20年以上加入していないこと等を条件に、一定額が配偶者自身の年金に振り替えて加算（振替加算）される救済措置も設けられています。

## 遺族年金

「もし夫に先立たれてしまったら、専業主婦である自分の年金だけでは生活していけません！いったいどうしたらいいのでしょうか！」

年金制度に関して、シニア専業主婦の多くはこのような不安を抱えています。

この不安に答えるとすれば、ケースによって「⑴心配の不要な専業主婦」と「⑵心配の必要な専業主婦」の二種類のタイプに分類される、ということになります。

年金制度上は、夫婦の一方が死亡した場合でも、残された配偶者が生活資金に困らないように、「遺族年金」の制度が整備されています。

ただ一口に遺族年金と言っても、「遺族基礎年金」と「遺族厚生年金」の二種類の年金に分類されます。さらにこれらの年金は、受給要件、受給対象者、受給方法の選択、受給額などがそれぞれ異なるので、やはりなかなか理解することは困難です。

ここでは遺族年金の基本を理解するために、それぞれ最も単純化したケースで、どの程度の遺族年金を受給できるのかを見てみましょう。

⑴心配の不要な専業主婦

この分類に該当する専業主婦は、配偶者が厚生年金に加入していたケースです。

この具体例では、「厚生労働省が設定する標準世帯」かつ「夫婦ともに65歳以上」で、「夫が先に死亡した場合」に妻が受給できる年金を試算してみます。

①夫が死亡する前の年金（世帯月額）

㋐夫の老齢厚生年金・・・・９万１４８８円

㋑夫の老齢基礎年金・・・・６万５００８円

㋒妻の老齢基礎年金・・・・６万５００８円

㋓合計額・・・㋐＋㋑＋㋒＝22万１５０４円

②夫が死亡した後の年金（世帯月額）

㋐妻の遺族厚生年金・・・・９万１４８８円×３÷４＝６万８６１６円

㋑妻の老齢基礎年金・・・・６万５００８円

㋒合計額・・・・㋐＋㋑＝13万３６２４円

夫の死亡後は残念ながら、年金月額が13万３６２４円に減少してしまいました。

しかし夫の死亡後、生活費は妻一人の分だけでよくなります。ですので、贅沢をしなければこの金額でも、なんとか暮らしていけるのではないでしょうか。

なお、妻が65歳未満の場合は「②㋑妻の老齢基礎年金６万５００８円」は支給されません。

しかし、その場合においても救済措置が用意されています。妻が40歳から65歳になるまでの間は、一定要件のもとに「中高齢寡婦加算」として月額4万758円（年額58万5100円・平成28年度）が、「②㋑妻の老齢基礎年金6万5008円」の代わりに支給されることになっているのです。

⑵心配の必要な専業主婦

一方、夫が自営業者など「国民年金のみの加入者」であった場合は対照的です。この場合は夫が死亡しても、当然ながら「⑴②㋐妻の遺族厚生年金」の受給権は発生しません。

結果的には、18歳未満（年度末まで）の子がいない限り、原則として妻自身の老齢基礎年金のみの受給となってしまいます。

月額年金受給額は「⑴②㋑妻の老齢基礎年金6万5008円」だけとなり、かなり厳しい収入状況に陥ってしまいます。

したがって、「夫および妻」が「国民年金のみの加入者」である場合は、シニア期突入時点より、より積極的にシニア剰余金のプラス化に努めておく必要があるでしょう。

ただし、一定要件に該当する場合には救済策として、次の「①寡婦年金」と「②死亡一時金」のいずれかを選択して受給することができます。

①寡婦年金

夫が死亡当時65歳未満であった場合に限り、夫が本来受け取るはずだった老齢基礎年金の4分の3を、妻が60歳から65歳までの間受給できる。

②死亡一時金

夫の国民年金保険料の納付済期間に応じて、一時金で12万円から32万円を受給できる。寡婦年金と比較すると少額に設定されている。

# 第8節　不動産収入

## 疑似年金収入

筆者は税理士という職業柄、毎年3月に個人関与先の所得税確定申告業務を行います。個人の所得税申告の場合、所得の種類としては事業所得、譲渡所得、配当所得など10種類のものがあるのですが、シニアの申告の中で特に多いのは不動産所得です。

不動産所得にも地代、駐車場、アパート、マンション、その他様々な種類の賃貸収入があります。

「シニア家計学」の観点からは、主に「シニア期の収入増加策」のため、副次的には「相続税対策」のために、不動産収入を得る手段を検討してみる価値があるでしょう。

この不動産収入は「疑似年金収入」とも表現されます。その理由は、いったん不動産収入を得るスキーム（枠組み）を構築してしまえば、その後は汗水流して働かなくても、毎月自動的に、まさに「年金のごとく」賃貸収入があなたの銀行口座に振り込まれてくるからです。

また不動産収入は、「働かず」とも「所得」を得られるという意味で「不労所得」と呼ばれることさえあります。

シニア会計に不動産収入を組み込む場合は、将来的な賃貸物件の老朽化や環境変化などを考慮する必要があります。そのため、ご自分での算定が困難と思われる方は、ある程度保守的に算定する次の計算式をご利用いただければ結構でしょう。

**〔不動産収入＝前年の不動産所得×80％×（90歳－あなたの年齢）〕**

**※不動産所得とは所得税確定申告書上の金額**

ただし、シニアが不動産賃貸を計画する場合は、すでに不動産経営の経験がある方を除いて、大きなリスクをとるプランは避けなければなりません。たとえば、銀行借入まで起こして賃貸用の土地を購入するようなリスキーなプランです。

従って、土地付きの自宅を所有しているか、あるいは遊休地を所有していることなどが計画実行の前提となります。

では次に、シニアに適した不動産収入のタイプを2例ほど紹介してみましょう。

### 駐車場収入

リスクを小さく抑えたい方にとって、オーソドックスなプランは駐車場経営です。このプランはいわばローリスクローリターンのタイプです。

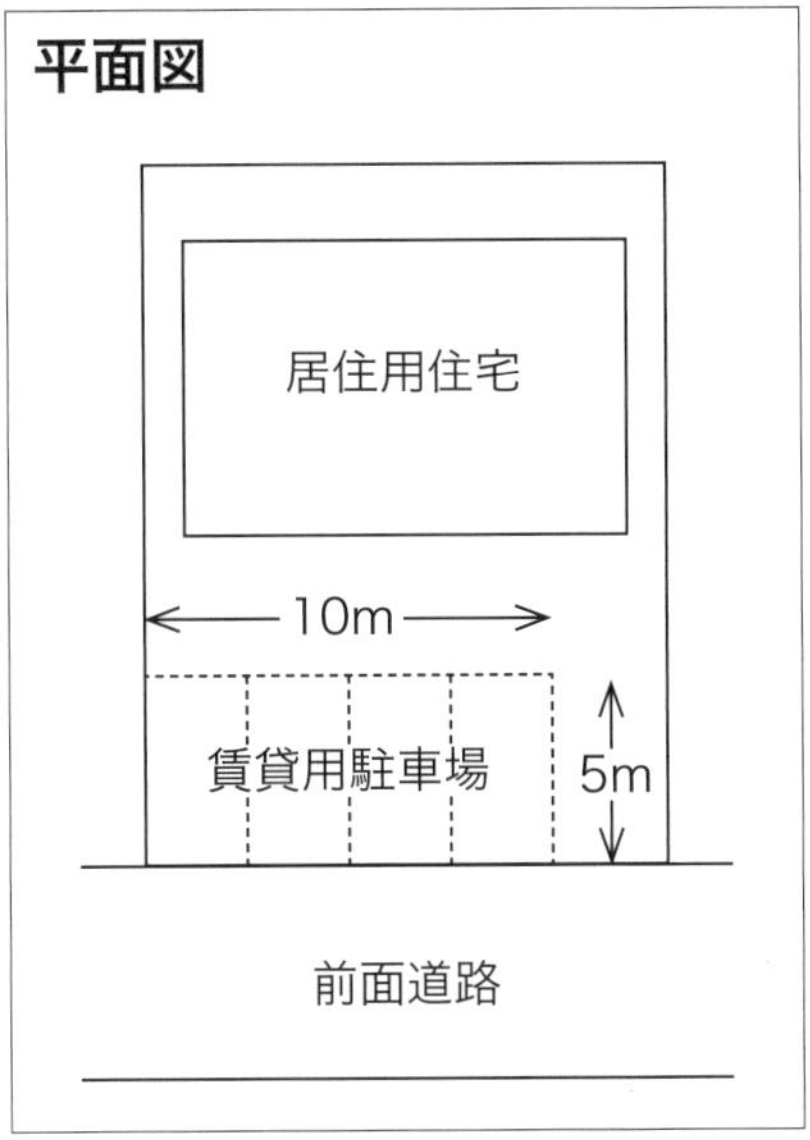


乗用車一台あたり駐車料の相場は、立地や地域差、舗装の有無等の整備状況によって、数千円から数万円とかなり開きが生じます。

普通乗用車を一台駐車するために、基本的に必要なスペースは「5m×2・5m＝12・5㎡」です。自宅の敷地に余裕がある場合や、遊休地を駐車場に転用が可能な場合は、少額の初期投資で意外と簡単に駐車場経営を開始できるでしょう。

では次の具体例で、このプランの収入額を試算してみます。

①前提・・・・・・自宅敷地に道路に面して50㎡の余裕面積がある
近隣相場は普通乗用車一台あたり1万円

②月額収入・・・・1万円×4台（50㎡÷12・5㎡）＝4万円

このケースでは、ひと月あたりの収入はたった4万円と確かにローリターンですが、バカにはできません。シニア期間40年の間賃貸するとなれば、収入ベースで「4万円×12カ月×40年＝1920万円」とかなりのまとまった金額になってしまいます。

賃貸用駐車場の配置は、敷地の形状にも左右されますが、前項の図は一例です。

なお、工事代金や固定資産税等は個別案件により大きく変動するので、ここでは計算には含めていません。

## 賃貸併用住宅

賃貸併用住宅とは、一件の建物の中に賃貸部分と自己居住用部分が併存する賃貸形態のことを言います。このプランは最近かなり増加しており、いわばミドルリスクミドルリターンのプランともいえます。

シニア期間は40年にも及ぶので、その間に自宅が老朽化して建て替えが必要になるケースは多いでしょう。リフォームなどでのごまかしが効かずに、どうしても建て替えざるを得ない場合には、一考の価値があるプランです。

子供が独立した後の夫婦二人世帯や単身世帯などでは、広すぎる家は維持費や修繕費の支出、掃除の手間などでかえって足手まといになります。また世帯員の老齢化に伴って足腰が弱まり、2階部分を使用しない1階部分中心の生活に変化しがちです。

こんな場合には、自世帯の居住面積を思い切ってダウンサイジングするとともに、残りの面積を賃貸アパート用として建て替えれば賃貸収入が得られます。もし借入金で建てざるを得なかったとしても、賃貸収入で十分借入の返済も可能でしょう。

では次の具体例で、このプランの収入額を試算してみましょう。

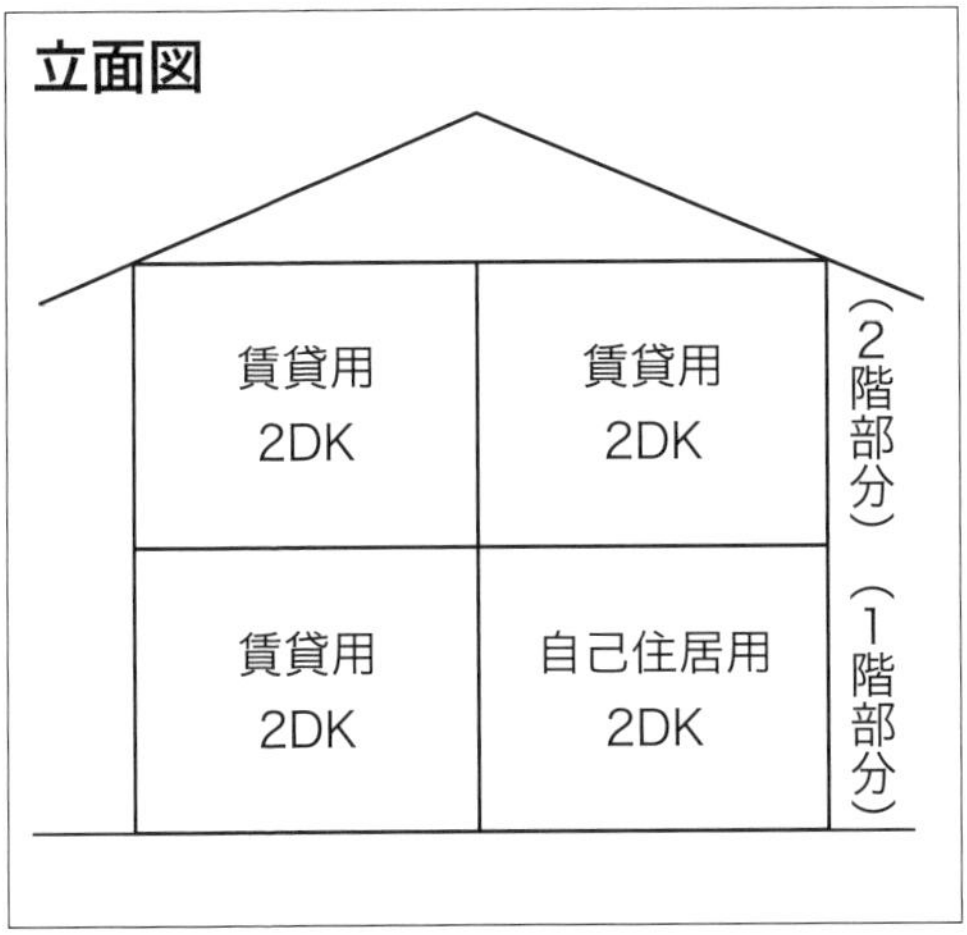


①前提
・自宅が老朽化したため賃貸併用住宅に建て替え
・木造2階建、2DK4戸
・建築価格3000万円
・1戸当たりの賃貸料5万円
・うち1戸を自己居住用とする

②月額収入
5万円×(4戸−1戸)=15万円

賃貸用と自己居住用との配置パターンは様々考えられますが、立面図は参考例です。

シニア期間40年の間賃貸するとなれば、収入ベースで「15万円×12カ月×40年＝7200万円」となります。建築費と固定資産税その他の維持費を控除しても、ミドルリターンレベルの収益を期待できることでしょう。

このように発想を転換するだけで、金食い虫であっただけの自宅が、立派な収益物件に生まれ変わるのです。

将来的にあなた方が亡くなった後は、全室を賃貸用としてフルに有効活用することも可能です。

そのような優良資産を所有しているとなれば、相続人達も更にあなた方を大切に扱ってくれることでしょう。

# 第9節　贈与相続収入

**贈与収入**

少子高齢化は、子供が親からもらえる相続財産にも影響を与えています。

少子化の進行、すなわち出生率が低下してきたということは、一人当たりの子供が親からもらえる相続財産が、以前より相対的に増加してきたと言うことになります。これは子供にとっては好ましい点です。

しかし好ましくない点として、平成27年より残念ながら、相続税が大幅に課税強化されてしまいました。

遺産総額から差し引ける「基礎控除額」が次のように、なんと4割も削減されてしまったのです。

**①以前の基礎控除額**
　「5000万円＋1000万円×法定相続人の数」

**②平成27年以降の基礎控除額**

「3000万円（4割削減）＋600万円（4割削減）×法定相続人の数」


60代ともなると、平均貯蓄額が約2000万円に達するといったデータがあります。また持家の方の場合、所有不動産の平均評価額が2000万円を超えるとするデータもあります。すると、貯蓄と不動産の合計額で約4000万円に及んでしまいます。

となると、法定相続人の数次第では先の基礎控除額を超えてしまい、相続税が課税されるレベルに到達してしまいます。すなわち、一般世帯でも相続税の心配が必要な時代に突入してしまったのです。

さらに税率の面においても、次のように課税が強化されました。

**①以前の最高税率・・・・・・・50％**
**②平成27年以降の最高税率・・・・55％**

つまり、この最高税率が適用される方の場合、相続財産が1000万円増加すれば、相続税が増加財産の半分以上の550万円も課される状況になってしまったのです。

親の立場からすれば、大切な財産が相続税として国に取られてしまうくらいなら、なんとか課税対象よりはずすべく、かわいい子や孫に贈与してしまいたいと考えるところでしょう。

また、財産を極力減らさず次の代に引き継がせることは、「家」、すなわち「家系」の断絶の可能性を、低減させる効果を発揮することにもつながります。合計特殊出生率が1・4人前後と少子化の進行する現代においては、財産の少ない家ほど後を継ぐ重要性に乏しいので、加速度的に廃れていく傾向にあるからです。

最近では国の方でも、子や孫に贈与された財産を貯蓄に回さず消費してもらえば、経済活性化や少子化対策にも資するため、かつては想像できなかったくらいの大盤振舞い状態で各種の非課税贈与制度を充実させてきています。

「親の財産をあてにするなど人間の恥だ！」という気概のある考え方をお持ちの方は、もちろん立派です。

ただ「人生一寸先は闇だ！」との例えもあります。その「闇」を少しでも減らしておくためにも温かい親の気持ち、すなわち「贈与」をありがたく頂戴しておくことも「親孝行のひとつ」と合理的に解釈していいのではないでしょうか。

## 暦年贈与

贈与税を課されることなく効率的に親より贈与を受けるには、非課税枠を有効に使う必要があります。

贈与税課税の原則は「暦年贈与」課税であり、概要は115頁の通りとなっています。

## 贈与税額速算表

| | 一般贈与 | | 直系の子・孫等(20歳以上)への贈与 | |
|---|---|---|---|---|
| 課税価格 | 税率 | 控除額 | 税率 | 控除額 |
| ~200万円 | 10% | — | 10% | — |
| ~300万円 | 15% | 10万円 | 15% | 10万円 |
| ~400万円 | 20% | 25万円 | 15% | 10万円 |
| ~600万円 | 30% | 65万円 | 20% | 30万円 |
| ~1000万円 | 40% | 125万円 | 30% | 90万円 |
| ~1500万円 | 45% | 175万円 | 40% | 190万円 |
| ~3000万円 | 50% | 250万円 | 45% | 265万円 |
| ~4500万円 | 55% | 400万円 | 50% | 415万円 |
| 4500万円超 | 55% | 400万円 | 55% | 640万円 |

このうちの「②非課税限度額」を有効に利用すれば、無税で大きな資金を親から譲り受けることが可能になるのです。

たとえば夫の父親からこの非課税限度額の110万円の現金を、夫と妻に20年間贈与を受けるとすると「110万円×2人×20年＝4400万円」となります。

贈与税を課されることなく4400万円もの現金を手にすることができれば、通常はこのほかに年金収入もあるわけですから、もうシニア資金の心配はいりません。

贅沢三昧で分不相応な生活をしない限り一生安泰でしょう。

①課税の対象・・・・1月1日からの1年間に贈与を受けた財産の価額
②非課税限度額・・・①の価額から1年につき1人当たり110万円
③贈与税額・・・・・（①－②）×贈与税率

**相続時精算課税**

父母などから贈与を受ける場合に、もう一種類よく利用される贈与税の非課税制度があります。それが「相続時精算課税」制度であり、概要は次の通りです。

**①課税の繰延・・・・贈与時においては非課税限度額まで課税されない。ただし、将来相続発生時に遺産が一定額を超えた場合に限り、「相続時」において、「精算」して「課税」される。**
**②非課税限度額・・・2500万円**

つまり「②非課税限度額」を有効に利用すれば、一円も贈与税が課されることなしに、親や祖父母から2500万円を受け取ることができるのです。

これだけ現金預金その他の資産が増えれば、シニア会計においてかなりの余裕が生じ、シニア剰余金も潤沢な額に膨らむはずです。

この制度を利用した場合、もし将来相続が発生した時に遺産が一定額を超えると、その時に相続税として課税されることになってしまいます。

したがってこの制度は、相続税の節税策としての意味合いよりも、ほかの兄弟より先に、自分が親の財産の一部を確保しておくテクニックの一つとして利用されることが多いのです。

少々生臭い話になりますが、現実的には兄弟間において、親の財産をもらうのは早い者勝ちだという側面があります。

たとえば、親の預金が確か銀行に5000万円あったはずだと安心していても、いざ相続が発生して当の銀行に確認した時には、預金残高がほとんどなくなっていた、というようなケースは珍しくありません。他の兄弟がとっくの昔に親の承諾の上で、あるいは承諾も得ずうやむやのうちに持ち去って行ってしまっていたケースです。

このような場合、先に親の財産を持ち去ってしまった方の兄弟は、他の兄弟から訴えられればその財産を返す必要が生じるかもしれません。しかし正式な相続時精算課税の税務申告を済ませていれば、贈与を受けた財産はその申告者のものと法的にも確定しているので、周りから何を言われようが返す必要などなくなるのです。

また、この制度は贈与者ごとに利用できるので、夫婦がそれぞれの父母から2500万円ずつ贈与を受けたとすれば「2500万円×4人（夫の父＋夫の母＋妻の父＋妻の母）＝1億円」

と、巨額の財産を贈与税が課されることなく取得できてしまうのです。

いかかでしょう、この相続時精算課税という不思議な制度に興味が湧いてきたのではないでしょうか。

## 教育資金の一括贈与

子供が大学に進学するとなると、場合によっては1000万円を超える教育資金が必要になってきます。

このような場合に、あなたの親から無税で教育資金の贈与を受けられる嬉しい非課税制度があるのです。それが「祖父母などから教育資金の一括贈与を受けた場合の非課税制度」であり、概要は次の通りです。

**①資金の使途・・・・教育資金**
**②非課税限度額・・・1500万円**
**③贈与者・・・・・・祖父母や父母**
**④受贈者・・・・・・30歳未満の者**

この制度の具体的な利用方法としては、子の祖父母、つまり「あなたの親」から「あなたの子（30歳未満に限る）」に対して現金預金を贈与してもらうのです。

表面的にはあなたの手元を素通りするかたちで、あなたの子に資金が流れることになります。ただ実質的には、あなたの世帯のシニア剰余金の減少を、防ぐ効果が得られることになるのです。

なので、あなたがその資金をいったん「収入」したのち、子の教育資金に「支出」したと考えて、この教育資金贈与額をシニア会計に含めてしまっても差し支えないでしょう。

この制度は今のところ、平成31年3月31日までの時限措置となっています。ただ制度が延長される可能性も高いので、現在あなたのご両親がお元気であれば、この制度利用に関してはじっくりと検討していただければよいでしょう。

## 結婚・子育て資金の一括贈与

子供が結婚するとなると、地域差などもありますが、挙式を経て新居に落ち着くまでに500万円前後はかかると言われます。そのうち半分弱の200万円程度は、親が負担するケースが多いのではないでしょうか。

子供が結婚や子育てをする際には、贈与税の非課税制度のうち「結婚・子育て資金の一括贈与」という制度を利用すれば、あなた自身のシニア剰余金を減らさなくて済むことになります。

この制度の概要は次の通りです。

**①資金の使途・・・・・結婚・子育て資金**
**②非課税限度額・・・・1000万円**
**③贈与者・・・・・・・祖父母や父母**
**④受贈者・・・・・・・20歳以上50歳未満の者**

この制度を利用すると、子の祖父母、つまり「あなたの親」から「あなたの子（20歳以上50歳未満に限る）」に対して結婚・子育て資金を贈与してもらうことができるのです。

表面的にはあなたの手元を素通りするかたちで、あなたの子に資金が流れることになります。ただ実質的には「教育資金の一括贈与制度」同様、あなた自身のシニア剰余金の減少を防ぐ効果を得られることになります。

なので、あなたがその資金をいったん受け取ったのち子に渡した、と考えてこの結婚・子育て資金の一括贈与額をシニア会計に含めてしまっても差し支えないでしょう。

子育て資金まで親や祖父母が面倒を見てあげることの是非は、個人の価値観によるところです。ただせっかくタイミング良く創設された制度です。この制度を、あなた自身のシニア剰余金減少防止テクニックのひとつとして、選択肢に加えることを検討してみてください。

この制度も現時点では、平成31年3月31日までの時限措置となっています。

### 住宅取得資金の贈与

政府は主に景気刺激策の一環として、住宅取得費を親などが子などに贈与した場合には、一定の金額までは贈与税を課さないこととしています。

この「一定の金額」は、猫の目のように目まぐるしく不定期に変動します。いわゆる「猫の目税制」と呼ばれるものです。

この非課税制度の正式名は「住宅取得資金の贈与の非課税制度」と言い、制度の概要は次の通りとなっています。

**①父母や祖父母などの直系尊属からの贈与であること**
**②居住用家屋の取得、増改築等の資金の贈与であること**
**③床面積が50㎡～240㎡などの面積基準を満たすこと**
**④各年分の非課税限度額まで贈与税が非課税**

今後一定期間は、毎年のように④の非課税限度額は変動します。その期間中最高額で3000万円という、かつてなかったような大きな金額が非課税となる見込みです。

これはあなたにとって、千載一遇のシニア資金温存チャンスとなるかもしれません。あなたがシニア期間中にもう一回家を建て替えるなどの必要があるとしたら、その予定時期を少し早めてでも、この制度を活用し切る検討をなさってみてください。

## 相続収入

あなたの親に「法定相続人」は何人いるでしょうか。

法定相続人とは、法律上相続財産を取得する権利のある人のことです。法定相続人が多ければ多いほど、あなた自身が相続できる財産は減少します。逆に、少なければ少ないほど増加します。もしあなたが一人っ子であれば、いずれあなたが二人の親の財産すべてを取得できることにもなるでしょう。

この法定相続人の数次第で、あなたのシニア資金計画は大幅に変動します。

なので「法定相続人」の数と、どれだけの割合で相続できる権利があるかの「法定相続分」（次項の表参照）および「推定相続額」は、親が健在なうちに一度確認しておく必要があるでしょう。

例えば、もっとも単純なケースで推定相続額を計算してみましょう。

①前提・・・・・・父80歳、母78歳、あなたは二人兄弟
②父の所有財産・・８０００万円

## 法定相続分

| 法定相続人 | 法定相続分 |
|---|---|
| 配偶者と子 | 配偶者1/2　子1/2（人数で均等按分） |
| 配偶者と親 | 配偶者2/3　親1/3（人数で均等按分） |
| 配偶者と兄弟姉妹 | 配偶者3/4　兄弟姉妹1/4（人数で均等按分） |

③法定相続分・・・100％×1／2×1／2＝25％
④推定相続額・・・②×③＝2000万円

この2000万円を、あなたのシニア資金計画に含めるか否かで、あなたのシニア会計の健全度は大きく左右されてしまうはずです。

ただし、親の所有財産がおおよそ3000万円以下であるような場合は、推定相続額をあなたのシニア資金計画に含めることはできません。その程度の額であれば、親自身が生活費や介護費用などで、相続発生時までに使い切ってしまう可能性が高いからです。

親の年齢や年金状況などにも左右されるのですが、所有財産額がおおよそ5000万円を超えてくれれば、その額を使い切る可能性は低くなってくるでしょう。その場合には、あなたのケースに当てはめて算定した「推定相続額」を、あなたのシニア資金計画に含めてしまっても構わないでしょう。

あとは相続発生時までに、あなたの親が「振り込め詐欺」に引っかかるなどして財産を失ってしまうようなことがないように、あなたの親とあなた自身のために目を光らせていればよいでしょう。

# 第10節　その他収入

## リバースモーゲージ収入

年金収入がそれほど期待できず貯蓄額にも不安はあるけれど、幸いにも自宅について一定の資産価値が見込めるような場合には、特別の収入を得られる可能性があります。

それが「リバースモーゲージ収入」です。

リバースモーゲージとは、自宅を担保にして金融機関や国、自治体などから借入を行い、その資金を毎月年金形式などで受け取ることができる仕組みです。

受け取った資金の返済は、原則として本人が死亡した場合などに、自宅を処分して一括返済することになっています。いわば、本人が存命中は返済義務のない借入金です。

近年ではシニアの増加をビジネスチャンスと捉えて、みずほ銀行や三菱東京ＵＦＪ銀行、三井住友銀行、東京スター銀行など、このリバースモーゲージを取り扱う金融機関も増えてきました。その他自治体などでも、取り扱いが増えてきています。

例えばみずほ銀行の場合、主に次の要件を満たせば利用することが可能になります。

①自宅で夫婦2人暮らし又は1人暮らし
②契約時の年齢が55歳以上
③戸建住宅の場合土地評価額が2000万円以上
④マンションの場合評価額が5000万円以上

ただ、このリバースモーゲージ制度利用の審査は比較的厳しく、また終身的な収入を保証する契約でもありません。そのほか、自宅の資産価値が一定以上下落した場合などには、毎月の収入がストップされることもあります。

この制度は、居住用不動産を残すべき子供がいないような場合や、いたとしても不動産を子供に残す必要などはない、という考えの方なら抵抗なく利用できるのではないでしょうか。興味のある方は、この制度を取り扱っている金融機関、又はお住いの自治体等に尋ねてみられると良いでしょう。

## 奨学金収入

近年では、女性の平均結婚年齢は30歳に手が届くほどになりました。つまり「晩婚化」が当たり前の社会になったのです。

その影響により40歳前後での出産が増加した結果、世帯主が定年を迎えても、まだ子供が大学生などで教育費のピークにある世帯が珍しくなくなりました。

例えばお子様の進学する大学が「私立、理系、自宅外」の場合、大学4年間で1180万円の資金が必要となってきます（日本政策金融公庫、平成25年調べ）。大学へ進学する子が一人だけならまだしも、複数となると全額を親が自己資金で負担することは極端に厳しくなってきます。そうなると好むと好まざるにかかわらず、奨学金制度の利用が視野に入ってきます。

外国では奨学金と言えば返済する義務のない「給付奨学金」が中心ですが、日本では返済義務のある「貸与奨学金」が一般的です。日本の奨学金制度のうち、利用者が最も多いのは「日本学生支援機構」の奨学金です。その他国費奨学金や、地方自治体奨学金、民間奨学金、大学独自の奨学金などその種類は数えきれないほどあります。

日本学生支援機構の奨学金は原則として貸与奨学金であり、貸与内容は貸与区分に応じて「月額3万円〜15万円」「利率0％〜3％」「返済期間最長20年」となっています。

また日本の奨学金の中では少数派ですが、返済義務のない給付奨学金も一定数存在します。子供さんが進学する際には、ダメもとで極力多くの制度に当たってみる価値は十分にあるでしょう。運よく、返済義務のない給付奨学金を探し当てられるかも知れません。

### 教育ローン収入

ご子息の進学で奨学金を申請した場合、本人の学力、親の所得、家族構成、などが審査基準に合致せず、残念ながら奨学金を受けられないケースも多くあります。

その場合は次善の策として、各種教育ローンの借入を検討することになるでしょう。

教育ローンのうち代表的なものは「日本政策金融公庫の教育一般貸付(国の教育ローン)」です。貸付内容は、原則350万円まで、利率2・05%(平成28年5月現在)、返済期間最長15年、手続期間は20日程度で、約500万人の利用実績があります。

先の日本学生支援機構の奨学金と併用も可能で、受験前でも借入ができるよう配慮されています。また、教育ローンは一般の金融機関でも広く取り扱っています。

まずは現在取引している金融機関に相談されたあと、日本政策金融公庫の貸付と内容を比較して、有利な条件の方を選択すればよいでしょう。

シニア期に入ってから教育ローンを借入れた場合、返済資金は虎の子の老後生活資金から捻出することになります。しかし、無理をして老後生活資金から返済した結果、親であるあなた自身が老後破産してしまっては、ご子息としても一生後悔の念を抱き続けることになりかねません。

そのようなリスクのある場合は、無理をせず親子で相談の上、その年の返済額のうちいくら分かをご子息に負担してもらっても構わないでしょう。

税務上厳密に言えば、借入人と返済人とが異なり贈与となるのですが、年間の返済額が110万円以下であれば贈与税の非課税範囲内となるので、余計な税負担の心配もありません。

## 生活費収入

この生活費収入というタイトルを見て、「生活費なのか収入なのか、いったいどっちなんだ？」と思われたのではないでしょうか。

本書では、子や親など同居の家族が、家計費の補助として家へ入れる金銭のことを、「生活費収入」と表現させて頂きます。

各シニア世帯においてその家族構成は、通常、シニア期のステージが進むに従って変化し続けます。シニア期の中でも前半の50代から60代にかけては、一般的にお子さんが社会人となり結婚し、家を出て独立するまでの期間にあたります。

この期間中おおかたの世帯では、お子さんが家計の足しにと、家にいくらかの金銭を入れてくれることになるでしょう。金額的には各種の統計において、３万円から５万円程度を入れる方が多いようです。お子さんの側でも、家を出てアパートやマンションを借りて家賃を支払い、その他種々の生活費も自分で支出するよりは、よっぽど安くつくとの計算もあるはずです。

近年男女の平均初婚年齢は、30歳を超えています。そこで、かりに20歳で社会人になったお子さんが30歳で結婚して家を出るとし、その間毎月５万円を家へ入れたとしましょう。このケースでは「５万円×１２カ月×10年間（30歳－20歳）＝６００万円」が、その世帯のお子さんからの生活費収入の総額ということになります。もし同様のお子さんが２人なら、単純計算でその2倍の1200万円となります。

一方同じくシニア期前半においては、親の年代は一般的に70代から80代であり、これらの親と同居しているシニア世帯も多いことでしょう。

これらの親の年代はいわゆる「年金勝ち逃げ世代」とも呼ばれ、特に厚生年金加入者であった男性を中心に、年金保険料負担に比較してかなり高水準の公的年金を受給しています。公的年金は2カ月毎の15日（土、日、祝日であれば直前の平日）に、金融機関の口座に振り込まれてくる仕組みになっています。これらの年金勝ち逃げ世代の場合、2カ月毎の振込額が30万円から40万円というケースが多いと思われます。つまり、ひと月当たりの受給額は、15万円から20万円前後ということになります。

かりに現在父親が70歳で、ひと月あたり年金受給額が18万円とし、その内半分の9万円を家に入れてくれるとしましょう。その父親が、シニア期終期の90歳で亡くなったとすると、「9万円×12カ月×20年間（90歳－70歳）＝2160万円」が、その世帯の親からの生活費収入の総額ということになります。かなりの金額ですね。

時々新聞やテレビなどで、死亡した同居老親の死亡届を何十年間も役所に提出せず、その間同居の家族が死亡した親の年金を不正受給し続けていた、とのニュースを見聞きします。このニュースなどは、いかに老親の年金をあてに生活しているシニア世帯が多いか、を象徴する事件なのでしょう。

## 生活保護収入

「日本という国はありがたい国だ、生活が困窮したら最後には面倒を見てくれる！」などとよく言われます。つまり、原則として日本国民である限り「生活保護」というセーフティーネットによって庇護されているのです。

生活保護世帯は高齢化の影響により年々増え続け、平成27年12月時点では１６３万もの世帯がその扶助（支給）を受けています。また生活保護費の総額は、年額で４兆円にも達する勢いです。

ただもちろん、働きたくないからといった理由だけで、簡単にもらえるものではありません。また、扶助を受けるとなれば、かなり制約を受けた生活を送る必要もあります。

具体的には、次の要件等に合致する必要があるのです。

**【生活保護の要件等】**

**①生活保護は、世帯単位で行われる。よって、他の世帯員が預金を十分持っている場合などは、まずそれを生活費にあてる必要がある。**
**②生活に利用されていない土地や建物等は、売却して生活費にあてる必要がある。**
**③働けるのに働かず、楽をして生活保護を受けるということはできない。**
**④親族等から援助を受けられる場合は、まずそちらから援助を受ける必要がある。**

支給される扶助の種類としては、「生活扶助（食費・被服費・水光熱費等）」「住宅扶助（アパート等の家賃）」「医療扶助（医療サービスの費用）」など様々なものがあります。

支給額は、世帯人員や扶助の種類、地域、障害者であるか、母子世帯であるか、などにより異なり、一律ではありません。

ひとつの例で、支給額の目安を見てみましょう。「東京都にお住まいの障害者ではない60歳代の夫婦世帯」のケースでは、「生活扶助」と「住宅扶助」の合計で、おおよそ18万円前後と一見かなりの支給額となります。

もちろん生活保護など受けることなく、経済的に余裕を持って一生暮らせるに越したことはありません。

しかし資産もなく、病気やケガその他様々な事情で収入が途絶えてしまったような場合には、この「最後の砦」である生活保護にすがらざるを得ません。

やむを得ず生活保護の申請をする状況に陥った場合は、お住まいの地域の福祉事務所等へ出向かれて、生活保護担当窓口でまず事前の相談をされてみればよいでしょう。

# 第3章

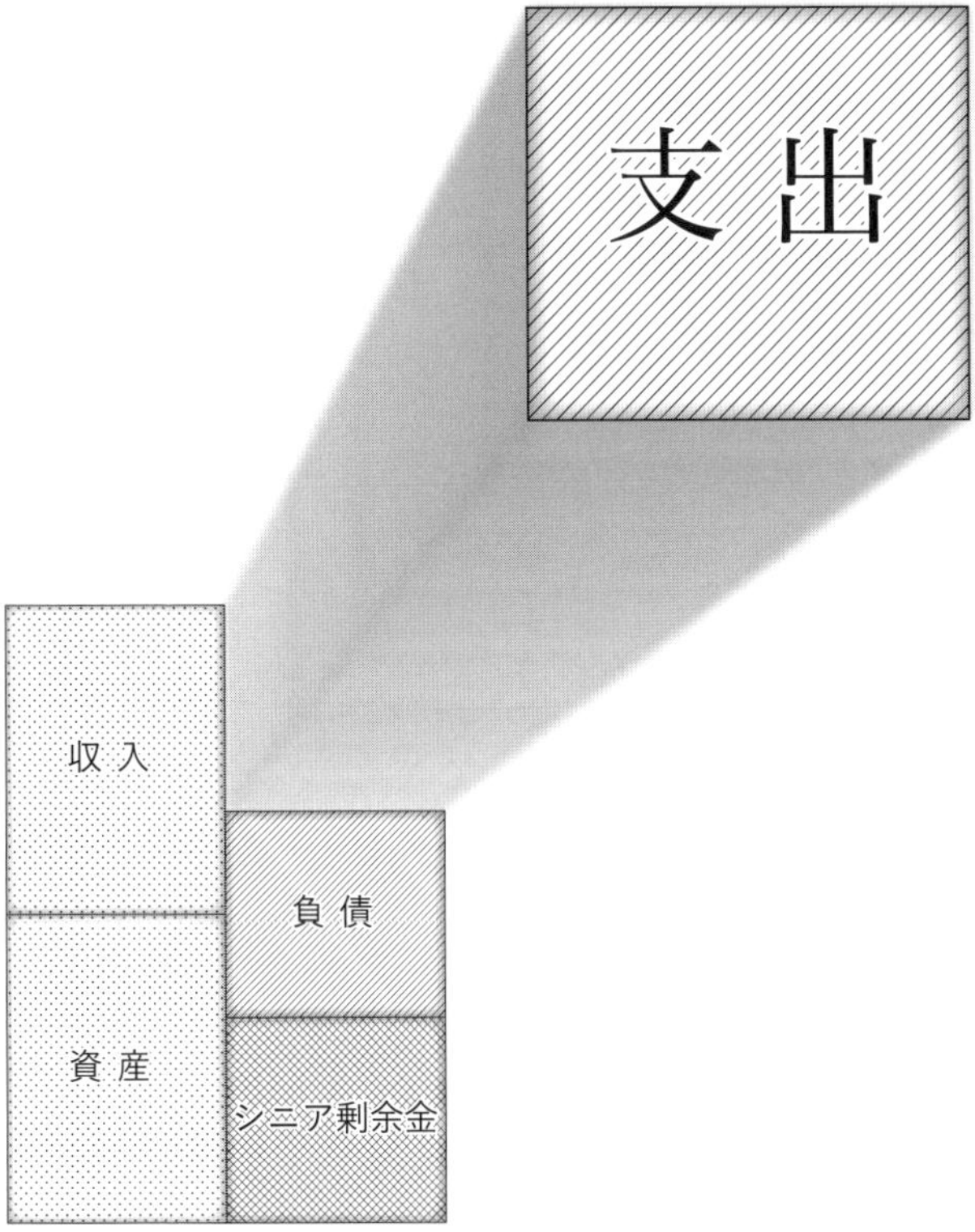

# 第1節　家計支出

## 平均的な家計支出は

あなたの現在のシニアライフは、どのようなものでしょうか。「悠々自適」の生活でしょうか、それとも「爪に火を点す」ような生活でしょうか。

シニア期に突入したばかりの50代であれば、一般的にはお子様も経済的に自立する時期であり、住宅ローンも返済のピークを越えて多少の余裕も出てきた頃だと思われます。この時期はシニア期の中では、比較的「悠々自適」の状況にあると言えるでしょう。

しかしそれも束の間、おおよそ65歳以降になると、仕事も辞めいわゆる年金生活に入っている可能性が高まります。ただし、年金だけで家計支出を賄うことは基本的には不可能なので、「爪に火を点す」ような生活になっている可能性が高いでしょう。

ここまでにおいて「生活費」という言葉を使わずに、あえて「家計支出」という言葉を使っているのは、両者の厳密な意味合いがそれぞれ異なるからです。

家計支出と生活費の関係を式で表すとすれば、次の計算式が成り立ちます。

**〈家計支出＝消費支出（生活費）＋非消費支出〉**

すなわち、「家計支出」の中の「消費支出」のみが「生活費」ということになるのです。なんとも紛らわしいですね。

「消費支出」は教養娯楽費のように各人の裁量で支出を決定できるもの、「非消費支出」は税金のように各人の裁量で支出を決定できないもの、というような区分けになります。

総務省の家計調査においても、「家計支出」をまず「消費支出」と「非消費支出」とに分類し、さらにそれぞれの項目を上の表のように細分化して統計分析等を行っています。

ではシニア世帯の平均的な家計支出とは、いったいどの位なのでしょうか。

もちろん各世帯の人数、年齢、居住地域等の属性によってその額は大きく変動します。

ここでは目安として「平成27年総務省家計調査報告」の中から、無職世帯のデータを基に、次項に2パターンの平均的家計支出を示しておきましょう。

現役世帯の場合も、これらの金額は最低限必要な額と

**家計支出の細目**

| 消費支出 |
| --- |
| 食料費・住居費・光熱水道費・家具家事用品費・被服履物費・保健医療費・交通通信費・教育費・教養娯楽費・その他消費支出 |
| **非消費支出** |
| 税金・社会保険料 |

平均的家計支出(月額)

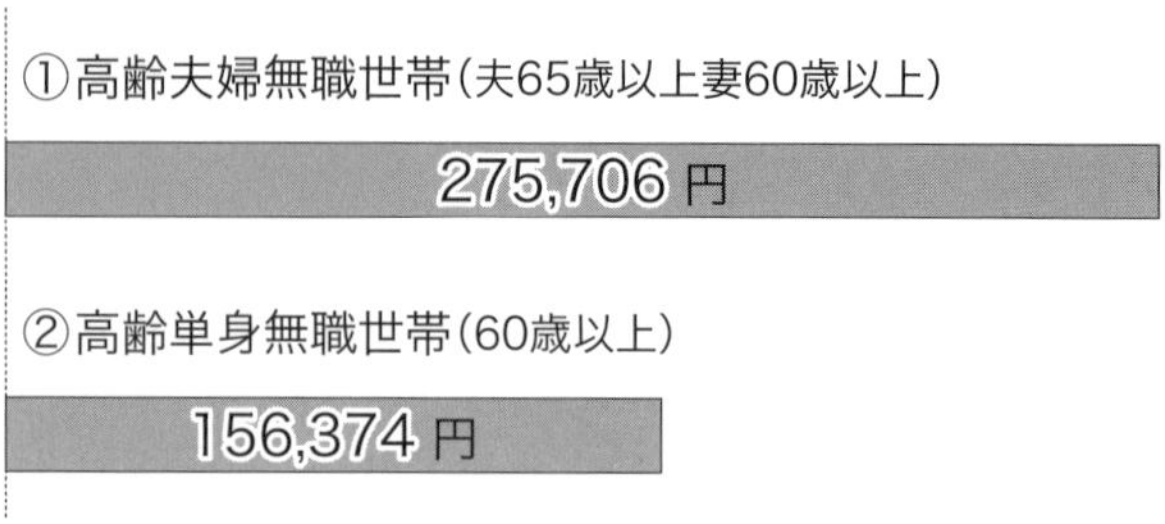


考えていただけば、間違いのないところです。

## 家計支出算定簡便法

上に示した平均的家計支出では、現実的にはかなり窮屈な生活を強いられることになるでしょう。

しかし「シニア期は人生の収穫期だ！」という人もいることです。せっかくの収穫期であるならば旅行や趣味、平均レベル以上の生活など、いわゆる「ゆとりのある生活」を満喫したいものです。そのためには、先の金額にプラス30％程度の加算が必要となってくるでしょう。

ちなみに「㈶生命保険文化センター・平成25年度調査」では、老後夫婦２人でのゆとりある生活のためには、月額35・４万円が必要としています。このデータにおいても、上の図①の金額27万５７０６円のおよそ30％アップとなっています。

生活スタイルは各世帯各様ですから、実際の家計支出も世帯ごとに大きく異なります。

たとえば年収３００万円程度であっても、コツコツ貯蓄ができるほど家計支出を抑えている世帯は多くあります。一方、年収１０００万円を超えていても生活が派手なために、それ以上の家計支出が発生し、ローン地獄に陥っている世帯もあるでしょう。

これらの例を取ってみても、各世帯間の家計支出の開きの大きさがうかがえます。

では、あなたの世帯の家計支出はいかほどでしょうか。

その金額を知るためには地道な作業となりますが、家計簿帳をつけるか家計簿アプリを利用するなどして、それを基に月額家計支出を算出するしか方法はありません。

基本的には、その「算出した月額家計支出」に「あなたが90歳に達するまでの月数」を乗じた金額が、あなたの「シニア期間家計支出」となります。あなたが定年前の現役シニア組なら、「定年後期間の家計支出は70％」と換算すればいいでしょう。

ただ、家計簿をつけるような細かな作業は面倒でもあり、また日々の生活に追われ、そんな作業をする時間もなかなか取れないかも知れません。

そのような場合は代替法として、簡便的に次の計算式を利用することにより、シニア期間家計支出を算出してしまっても構わないでしょう。

**【基本家計支出総額】**

**①二人世帯・・・（90歳－あなたの年齢）×12カ月×27万５７０６円**

**②単身世帯・・・（90歳－あなたの年齢）×12カ月×15万6374円**

たとえば「夫婦二人世帯で、夫が55歳」のケースでは「（90歳－55歳）×12カ月27万5706円＝1億1579万6520円」となります。

実際は、50歳代の現役期間の家計支出はもう少し高額となるのですが、この簡便法計算式では計算の簡便性を重視した結果、多少控えめな金額となっています。

このように多少控えめな計算であっても、1億円をゆうに超える巨額のシニア資金が必要であるという現実を、まざまざと見せつけられることになってしまいます。

なお、ある程度ゆとりのある生活をお望みの場合は、先の基本タイプ簡便法に割増率30％を加算した次の計算式をご利用ください。


【ゆとり家計支出総額】
①二人世帯・・・（90歳－あなたの年齢）×12カ月×35万8417円（※）
（※）27万5706円×（100％＋30％）
②単身世帯・・・（90歳－あなたの年齢）×12カ月×20万3286円（※）
（※）15万6374円×（100％＋30％）

**家計支出削減必要額**

シニア会計の観点からは、生活費などから構成される「支出」が増加すれば、その分左の図のように、相対的に「シニア剰余金」が減少することになります。

それでも、シニア剰余金がプラスであるうちはまだいいのですが、これがマイナスに転ずると老後破産のリスクが徐々に増大し始めます。

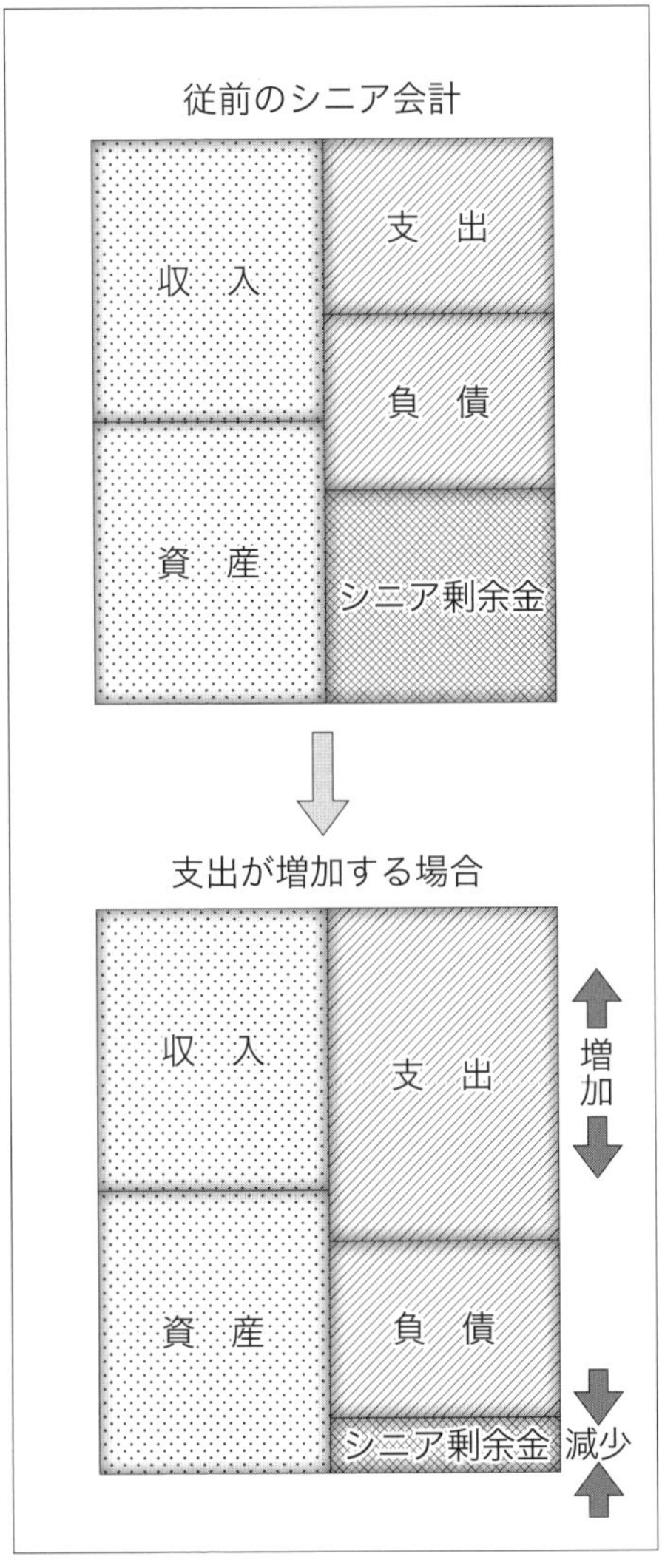

この老後破産リスクを回避するためには、「支出」の削減策を実行する必要があります。具体的な月額削減必要額は、次の計算式で算出することができます。

**〈月額削減必要額＝シニア剰余金マイナス額÷（90歳－あなたの年齢）÷12カ月〉**

仮に夫婦とも55歳の世帯で「シニア剰余金」の金額がマイナス500万円であったとすれば、シニア期間中のひと月あたりの削減必要額は「500万円÷35年（90歳－55歳）÷12カ月＝約1万1900円」となります。

先の夫婦世帯の平均的家計支出が月額27万5706円だったので、比率換算すると削減率は「1万1900円÷27万5706円＝4・31％」となります。この程度であれば、さほどストレスなく削減が実行できるのではないでしょうか。

ファイナンシャルプランナー的視点から家計支出の削減を検討する場合には、消費支出の各項目をさらに分解して無駄な支出を洗い出します。

個別に見直しを行えば、5％程度の支出であれば比較的簡単に削減できるものです。

# 第2節　税金

## 所得税等の負担は逓減

シニア世代の方々も、収入や資産があるとすれば、様々な税負担から逃れることはできません。各人の収入や資産の状況に応じて、所得税や復興特別所得税、住民税、固定資産税、消費税その他多くの税目の税金が課されます。

このうち「所得税・復興特別所得税・住民税（以下「所得税等」とする）」の3種類の税目は原則としてセットで課税されることになっています。

シニアにとって所得税等は、毎年確定申告や年末調整などで関わらざるを得ないため、身近である分大変気になる税金でもあります。

しかしこの所得税等に限定した場合、シニア世代の税負担は年齢が増すに連れ通常段階的に減少していきます。

まず「定年前の期間」においては、50歳代に入って仮に昇給がストップされているとしても、給与収入レベルは元々高いので所得税等も高めの負担額となります。

次に定年後、嘱託やパートなどのいわゆる「継続雇用されている期間」は、定年前よりも給与収入がおおよそ3割から6割程度ダウンするので、所得税等の負担額もそれに比例して減少します。

その後は継続雇用も終了し、「年金収入だけの期間」となります。この段階においては、年金収入は一般的に給与収入より低いことと、年金収入について税金計算上「公的年金控除額」を差し引けるので、所得税等の負担額はかなり減少します。

この現象を「あるサラリーマンと専業主婦の二人世帯」を例に挙げて、「世帯合算の所得税等」を試算してみましょう。

前提として「定年前の期間の年間給与額は600万円」、「継続雇用期間の年間給与額は360万円」、「年金収入期間の年金収入年額は夫婦二人で240万円」とします。

なお、住民税のうち均等割は少額なので度外視します。

①定年前の期間（60歳までと仮定）・・・所得税等年額　54万9000円
②継続雇用期間（65歳までと仮定）・・・所得税等年額　16万7000円
③年金収入期間（65歳以後と仮定）・・・所得税等年額　0円

このように「①定年前の期間」はいわゆる現役世代なので、それなりの税負担になります。

一方「③年金収入期間」に至っては、税負担は0円となってしまいました。

つまりシニア期のステージが進むにつれ、所得税等の税負担についてはさほど心配をしなくてもよくなってくるのです。

ちょっと安心されたのではないでしょうか。

## 継続雇用の損得判断

定年が目前に迫った方々からよく受ける質問に、「定年後給与が激減したとしても、継続雇用を受け入れた方がいいのでしょうか？」という趣旨のものがあります。

通常は定年を迎えたとしても、その日から職務内容が極端に変わるわけではありません。ほぼ同じ働き方をするはずなのに、給与だけ減らされるのは確かに納得がいかないところでしょう。

例えば定年前の月額給与が30万円だったのに、「定年後も働きたければ、月額15万円で我慢しろ！」と、一方的に会社から低下した労働条件を示されるようなケースです。

このケースのように給与が従前の5割（15万円÷30万円）まで下げられたら、モチベーションも同時に下がりきってしまい「ばかにするな！　こんな会社辞めてやる！」と感情的にもなりかねません。

しかし冷静な判断も必要です。60歳を過ぎて、馴染みのない新たな職場に転職することは気が重いでしょうし、仕事に慣れるまでの期間も若い人の数倍はかかるでしょう。

また給与の額も、一般的にはかなり低めになってしまいます。現在お勤めの企業から減額提示された給与額よりも、さらに低くなってしまう可能性も十分高いのです。

これらのことを踏まえたうえで、次の2区分の期間に分けて継続雇用の受け入れを検討する必要があるでしょう。

(1)年金空白期間

男性の場合、60歳になっても数年間は年金の支給をまったく受けられない「年金空白期間」がすでに進行しています。女性の場合は男性より5年遅れで進行します。

年金支給が開始される年齢に達するまでは、「給与収入」「助成金収入」2種類だけの収入の「ダブルインカム」状態です。「年金収入」も含めた3種類の収入がある「トリプルインカム」状態よりも、総収入はかなり少なめです。

この数年間は忍耐期間と考えて継続雇用を受け入れ、これらの収入に貯蓄の取崩しなどを加えてなんとか耐え忍ぶしかないでしょう。

しかし、収入の少なさに我慢しきれない方の場合は、やむを得ないので継続雇用を断り、新たな職に高収入を確保する活路を見出さざるを得ないでしょう。

(2)年金支給開始後の期間

## 給与所得控除額

| 給与等の収入金額(ⓐ) | 給与所得控除額 |
|---|---|
| 180万円以下 | ⓐ×40%(最低65万円) |
| 180万円超 | ⓐ×30% +　18万円 |
| 360万円超 | ⓐ×20% +　54万円 |
| 660万円超 | ⓐ×10% + 120万円 |
| 1000万円超 | ⓐ×　5% + 170万円(※1) |
| 1200万円超(※2) | 230万円(上限)(※2) |

(※1)平成29年以降この欄の金額は220万円(上限)となります
(※2)平成29年以降この欄は廃止となります
(※)公的年金控除額の表は「第2章　第3節　退職年金」の項を参照ください

年金空白期間が明けた後は、給与が減額されていたとしても実質的な経済損失はほとんどないケースが多いでしょう。

その理由は2つあります。

1つ目の理由は、継続雇用を受け入れることによってトリプルインカム、すなわち「給与収入」「助成金収入」「年金収入」を受ける権利を得られからです。

2つ目の理由は、収入の種類ごとに控除制度や非課税制度の適用を併用して受けられるからです。

具体的には給与収入では「給与所得控除」(上記の表参照)が受けられます。また助成金収入は「所得税等において非課税」と規定されています。さらに年金収入では、「第2章　第3節　退職年金」の項で表示した「公的年金控除」を受けることができます。つまり、トリプルで税務上の恩恵を受けられる、いわば「トリプルメリット」を享受できることになるのです。

したがって「年金支給開始後の期間」においては、原則として継続雇用を受け入れる方向で検討して構わないでしょう。

### トリプルメリットの効果

トリプルメリットには経済損失を抑える効果があることを、具体例によって検証してみましょう。この検証では実質的に負担せざるを得ない金額として、「所得税・復興特別所得税・住民税・社会保険料（以下「税社保等」とします）」を控除額としました。

算定対象者は単身世帯で年齢63歳、従前の月額給料は40万円、減額後の月額給料は20万円、満額の月額年金は12万円と仮定します。

(1) 給料40万円の場合
① 在職老齢年金・・満額12万円－カット額12万円＝0円
② 税社保等・・・・約9万円
③ 手取収入・・・・40万円－①＋②＝31万円
(2) 給料20万円に減額された場合
① 在職老齢年金・・満額12万円－カット額2万円＝10万円

## 手取収入比較図 （単位:万円）

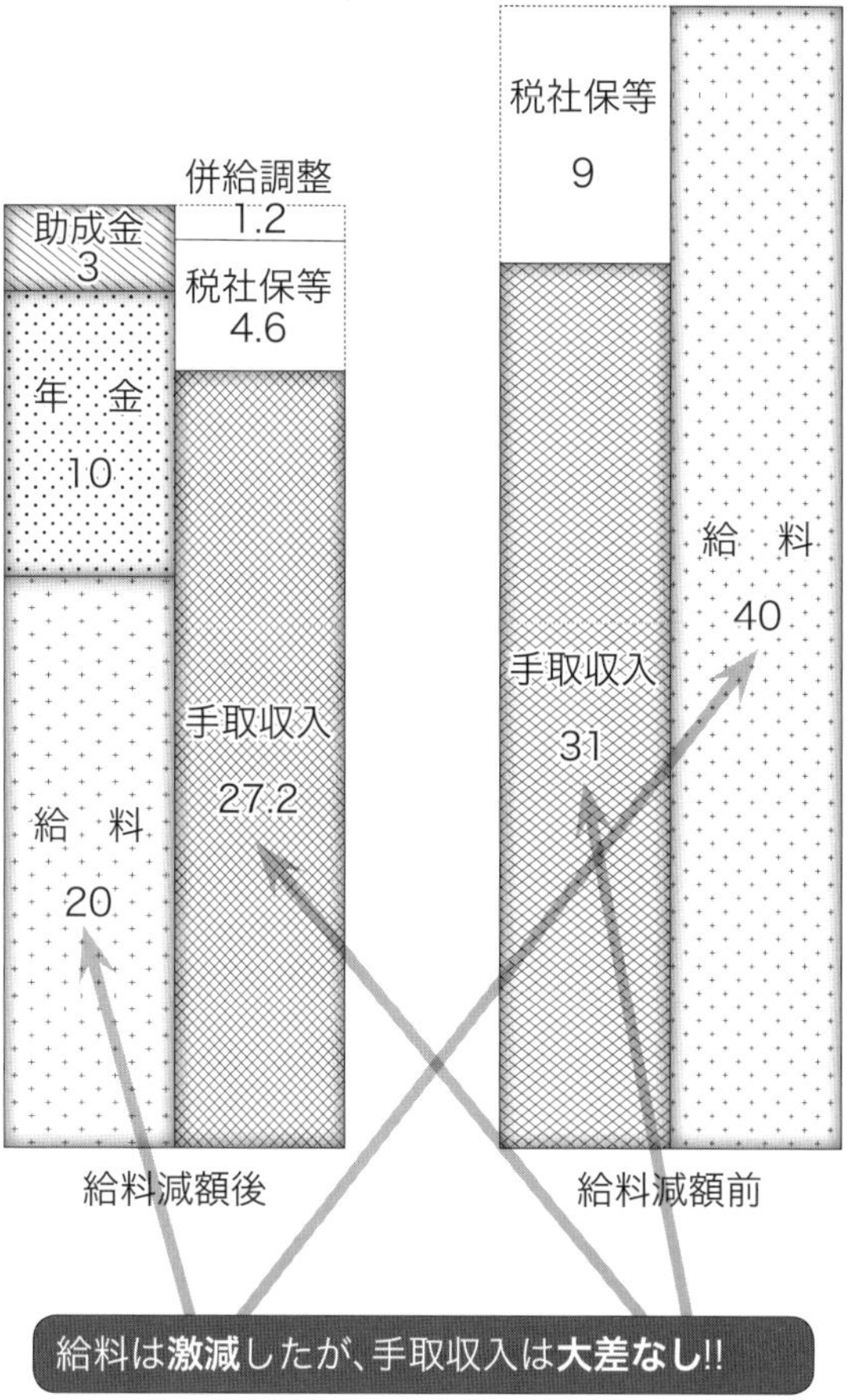

②助成金・・・・・3万円
③併給調整・・・・1・2万円
④税社保等・・・・約4・6万円
⑤手取収入・・・・20万円＋①＋②－③－④＝27・2万円

この具体例のケースにおいては、給料が40万円から20万円へと5割も激減しています。にもかかわらず、最終的な手取収入は31万円に対して27・2万円と、比率にして9割近くの高水準を確保しています。

すなわち、トリプルメリットの恩恵により、手取り収入段階では大差ないケースが多いということなのです。であれば、見かけの給料は下がったとしても、会社からの継続雇用の要請を気持ちよく受け入れて一年でも長く雇用してもらうのも、経済面及び健康面から考慮すると悪くはない選択なのではないでしょうか。

## 所得税等の仕組み

長寿化した現代においては、シニア世代の方々も、1日当たりの労働時間や1週間当たりの労働日数を徐々に減らしていく働き方によって、70代になっても元気で働くことは夢ではありません。

ただそのとき経済面において、働くことが本当に得なのかを判断する必要があります。働くことで税金や社会保険料などが想像以上に増加してしまい、頑張った割には実入りが少ないと不満を抱き続けるくらいなら、年金をもらいながら家でのんびりとシニアライフを満喫していたほうが精神衛生上も得策です。

働くことの損得判断を行うためには、所得税等の基本的な仕組みを理解しておく必要があります。とはいえ、特段税務の仕事に就く訳ではありませんから、その仕組みをおおまかなイメージで捉えていただく程度で十分でしょう。

なお所得税等とは、ここでも「所得税」「復興特別所得税」「住民税」の3税目を指しています。

| |
|---|
| **①給与のみの場合の所得税等**<br>**（給与収入－給与所得控除額－所得控除額）×税率**<br>**②年金のみの場合の所得税等**<br>**（年金収入－公的年金控除額－所得控除額）×税率** |

まず「①給与のみ」の場合です。

給与からは、「給与所得控除額」が控除でき、「最低でも65万円」を控除することができます。

**課税のイメージ**

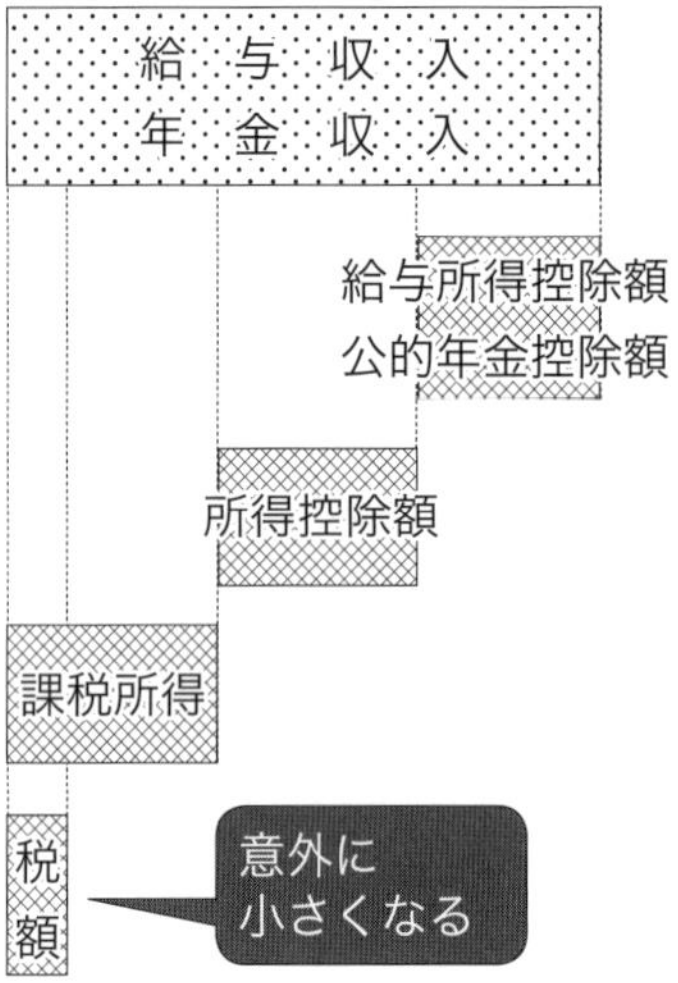


さらに、生命保険料控除や基礎控除などの「所得控除額」が控除でき、「最低でも38万円（住民税では33万円）」を控除することができます。

これらの金額「65万円」と「38万円」を合計すると「１０３万円」となります。つまり、１０３万円（住民税では原則１００万円）以下の給与収入なら課税される心配はありません。（住民税均等割については少額のため度外視。以下同じ。）

実際は「所得控除額」には、各人ごとに「社会保険料控除額」や「配偶者控除額」などが更に加算されます。

そのため、２００万円程度の給与収入を得ても、全く課税されないケースも珍しくありません。

つぎに「②年金のみ」の場合です。

年金からは、「第2章　収入」の「第3節　退職金収入・退職年金」の項で表示した「公的年金控除額」が控除できます。65歳未満の場合は「最低でも70万円」、65歳以上なら「最低でも１２０万円」を控除することが認められています。

さらに「所得控除額」が控除でき、「最低でも38万円（住民税では33万円）」を控除することができます。

65歳未満の場合はこれらの「70万円」と「38万円」を合計すると「１０８万円」となります。つまり、１０８万円（住民税では原則１０５万円）以下の年金収入なら課税される心配はありません。

65歳以上の場合は「１２０万円」と「38万円」を合計すると「１５８万円」となります。つまり、１５８万円（住民税では原則１５５万円）以下の年金収入なら課税される心配はないのです。

実際は給与の場合同様、「所得控除額」には各人ごとに「社会保険料控除額」や「配偶者控除額」などが更に加算されます。

そのため、かりに65歳以上であれば、２５０万円程度の年金収入を得ても全く課税されないケースも珍しくありません。

なお、「給与」又は「年金」に対して課される税率等は、「所得税」「復興特別所得税」「住民税」の税目ごとに、次項の表のとおりとなっています。

## 所得税額速算表等

| 〔所得税〕 | | |
|---|---|---|
| 課税所得金額 | 税率 | 控除額 |
| 195万円以下 | 5% | 0円 |
| 195万円超 | 10% | 97,500円 |
| 330万円超 | 20% | 427,500円 |
| 695万円超 | 23% | 636,000円 |
| 900万円超 | 33% | 1,536,000円 |
| 1800万円超 | 40% | 2,796,000円 |
| 4000万円超 | 45% | 4,796,000円 |
| | | |
| 〔復興特別所得税〕 | 税率 | |
| — | (基準)所得税額に対して2.1% | |
| | | |
| 〔住民税〕 | 税率 | |
| — | (住民税)課税所得に対して一律10% | |
| | | |

単純計算による最高税率は
45%(1+0.021)+10%=55.945%!!

# 第3節　医療費

## どの公的医療保険が得か

現役リタイア後の世代にとっては、税金よりもむしろ健康保険料の方がずっと負担感が大きいかも知れません。なぜなら、所得税等に関しては前節でも見た通り、年金生活に入ってしまえばほとんど課税されないケースが多いからです。

サラリーマンの場合、リタイアするまでは原則「健康保険」が適用されます。給料の額に応じた「健康保険料」を、会社と本人とで折半で負担することになっています。

ところがリタイア後は、その保険を継続すれば、保険料の全額を本人が負担する必要が生じます。ですので、少しでも負担の少ない保険制度を選択して、無駄な支出を抑えたいものですね。リタイア時に選択できる公的医療保険制度としては、次のように3種類あります。

**⑴国民健康保険**
**⑵健康保険（任意継続被保険者を選択）**
**⑶健康保険（被扶養者を選択）**

これら3種類の保険のうちどれを選択するかで、シニア期間の保険料支出総額は大きく変動します。そのため、各種制度の理解と慎重な選択判断が必要となってきます。

なお医療機関での窓口負担率に関しては、⑴⑵⑶とも69歳までは原則3割です。70歳~74歳までは原則2割となりますが、二人以上の世帯の場合で年収が520万円以上であるなど、所得の高い「現役並み所得者」は3割と高めに設定されています。

## ⑴ 国民健康保険

国民健康保険は「市町村などの自治体」が運営する制度です。そのためこの国民健康保険を選択した場合は、退職日の翌日から14日以内に、お住いの自治体の国民健康保険課等へ出向いて手続をすることになります。

国民健康保険料の算定は、原則として「医療分・後期高齢者支援分・介護分」の各項目に「所得割・資産割・均等割・平等割」の各料率等を乗じるという、独特でかつ複雑な方式が採用されています。

料率等の具体的な算定方法は、全国一律ではなく、各自治体で独自に定めることが認められています。そのため、所得などが同じ条件の世帯であっても、自治体が異なると保険料にはかなりの開きが生じます。

ただし法的な最高限度額は平成28年度で、40歳以上65歳までは89万円、65歳以上は介護保

## 国民健康保険料・算定例

（単位：円）

| | |
|---|---|
| ①医療分 | 所得×6.86%+35,400×2人=125,337 |
| ②支援分 | 所得×2.02%+10,800×2人=37,659 |
| ③介護分 | 所得×1.61%+14,700×2人=42,199 |
| ④年間保険料 | ①+②+③=205,195　(月額17,099) |

※平成28年度の料率等による。計算過程一部省略。

険料が別途徴収されることになるので73万円と制限されています。

では、モデルケースで保険料を算出してみましょう。

このモデルケースの自治体は、保険料の算定方法に特殊性がないと認められる、東京都中野区の計算方式を採用しています。

対象者は夫婦二人世帯で、二人とも64歳、ご主人の収入は年金のみで年間２００万円、奥さんの収入も年金のみで年間40万円と仮定しました。

算定の結果は上表のとおりです。このケースのように、夫婦二人分の保険料が月額で１万７０９９円程度であれば、なんとか納得できる金額の範囲内でしょうか。

ただし保険料の算定は前年の所得が基準となります。そのため定年直後は、多少の注意が必要です。

定年の翌年から年金収入だけとなり、収入が大幅にダウンしたような場合でも、その年に限っては、定年前の高い給与が保険料算定の基準額となります。その結果定年の翌年に限っては、収入が大幅にダウンしたにもかかわらず、高額の保険料がかかってしまう可能性があります。

保険料があまり高額になるようなら、健康保険の適用を選択する方が得策になるでしょう。

### (2) 健康保険（任意継続被保険者を選択）

定年退職した場合、勤めていた企業が社会保険の適用事業所であったならば、健康保険の「任意継続被保険者」となることができます。

具体的には、次の2つの要件さえ満たせば、定年後も2年間に限り健康保険の適用を受けることができるのです。

**①資格喪失日の前日までに「継続して2カ月以上の被保険者期間」があること**
**②資格喪失日から20日以内に申請すること**

このうち特に②の「20日以内」の期限には注意が必要です。

退職直後は健康保険の手続だけではなく、退職の挨拶回り、税務手続、転職手続、年金申請手続、場合によっては引越し作業など雑務が目白押しです。そのため、あっという間に20日間など過ぎ去ってしまうものです。

期限切れとなって後悔しないよう、一日をつぶすつもりでまず最初に任意継続手続を済ませてしまいましょう。

もう一つの注意点は、この制度を任意に選択した以上、2年間は適用を受け続けなければならないことです。

国民健康保険料の方が低くなったからといって、途中で任意にやめることはできません。そのため損得判断は、2年間の保険料の合計で判定する必要があるのです。

さらにもう一点、退職した以上保険料は全額自己負担となります。

たとえば、東京都にお住いの62歳の方が退職した際、退職時の標準報酬月額（いわゆる給料）が24万円であったとします。

全国健康保険協会（協会けんぽ）の任意継続被保険者を選択する場合、平成28年度であれば東京都の保険料率は9・96％です。このケースにおける保険料は、介護保険料1・58％も含めて次の計算の通りとなります。

24万円×（9・96％＋1・58％）＝月額2万7696円（年額33万2352円）

この計算に従うと、かりに退職時の標準報酬月額が62万円だったならば、保険料はなんと7万円を超えてしまいます。

でも心配は無用です。協会けんぽ（平成28年度）においては、標準報酬月額の上限が「28万円」と定められているからです。つまり上限の保険料は、東京都のケースで月額3万2312円ということになるのです。

## (3) 健康保険（被扶養者を選択）

「①国民健康保険」や「②健康保険（任意継続被保険者を選択）」の、いずれのケースにおいても保険料負担は生じます。

しかしこの「③健康保険（被扶養者を選択）」のケースに限っては、保険料負担は生じません。つまり最もお得な選択なのです。

具体的には、あなたの配偶者やお子様などが健康保険の「被保険者」となっていた場合、これらの方の「被扶養者」としての認定を受ける方法です。

被扶養者の認定を受けるための、主な要件としては次の通りです。

**① 「被扶養者の年収」が「被保険者の年収」の2分の1未満であること**
**② 「被扶養者の年収」が180万円未満であること（60歳未満であれば130万円）**

例えば35歳である被保険者の給与収入が年額400万円で、60歳である被扶養者の年金収入が年額で160万円であれば、その60歳の方は被扶養者となれるのです。

## 後期高齢者医療制度

現在我が国においては、75歳以上の「後期高齢者」に係る医療費が増加の一途をたどっています。国民全体の医療費に占める割合は、4割にも達する勢いです。

この後期高齢者の医療費増に対処するため、平成20年に「後期高齢者医療制度」が施行されることになりました。

この法律が施行されたことにより、75歳になったら従前の制度とは切り離されて、強制的に後期高齢者医療制度への加入が義務付けられることになったのです。

つまり、健康保険の被扶養者になっていて保険料負担のなかったような方も、75歳になったとたん、いきなり自分で保険料を納付する必要が生ずるようになりました。

保険料の算定方式は都道府県ごとに異なるのですが、東京都（平成28・29年度）の場合は年額で「所得割（所得－基礎控除額）×9・07％＋均等割一人当たり4万2400円」と定められています。上限額としては57万円です。

たとえば、単身世帯で年金収入が年額250万円の方の場合は次の金額となります。

①所得割・・・・（年金収入250万円－公的年金控除額120万円－基礎控除額33万円）
×9・07％＝8万7979円

②均等割・・・・4万2400円

③年額保険料・・・①+②=13万3００円（1００円未満切捨て）

また、①所得割と②均等割とも、所得が少ない場合には軽減規定も設けられています。

もし75歳になる前に、あらかじめご自分の保険料額を知りたければ、居住地域の自治体の担当窓口に問い合わせれば親切に教えてくれることでしょう。

なお、医療機関での窓口負担率は1割です。ただ所得の高い「現役並み所得者」については、75歳未満の公的医療保険同様、3割と高めに設定されています。

## 高額療養費と医療費控除

大きな病気やケガで高額の医療費を支払うことになった場合でも、それほど大きな心配はいりません。なぜなら「高額療養費制度」というセーフティーネットが設けられているからです。

この制度は、同一月にかかった医療費の額が高額になった場合には、「自己負担限度額」を超えた分が還付等される制度です。

この制度と混同されやすい制度に、税法上の「医療費控除制度」があります。この医療費控除制度は、一年間に支払った医療費の合計が10万円を超えるような場合には、税務申告をすることにより超過額の所得控除が受けられる制度です。

これら二種類の制度は、重複して受けることが可能です。しかし、これらを選択適用と勘違いして、一方だけしか受けていない方がよく見受けられます。

また双方の制度を重複適用する場合には、適用の順序を守る必要があります。まず「高額医療費制度」を受けてから、次に「医療費控除制度」を受ける順番になるのです。

「医療費控除制度」を受ける場合は、原則として医療費の領収書を税務署に提出する必要があります。したがって領収書を手放してしまえば、「高額医療費制度」を申請できる権利を自ら放棄してしまったことになるからです。

金額面では、医療費控除制度は領収書の合計額が10万円を超えないと利用できない、と思っている方も多いようです。

しかし、所得金額が２００万円未満であれば、領収書の合計額が10万円未満でも所得税の還付が受けられますので、該当する方はこの還付申告にトライしてみてください。

# 第4節　介護費

## 介護保険料の負担者は

介護保険が2000年に施行された当時、この新しい保険制度の施行に対して唐突感が拭えなかったものです。しかし、当時よりさらに少子高齢化が進行した現代の日本においては、必要不可欠な公的保険制度として完全に定着してしまいました。

あなたや配偶者、あるいはそれぞれの両親などのうちから、将来何人かはこの保険のお世話になる可能性があります。もうすでに、お世話になっているかも知れませんね。

そのように考えると、ある程度の介護保険料負担も仕方がない、と納得せざるを得ないところでしょうか。

この介護保険料の負担者としては、次の3種類に分類できます。

**①健康保険（社会保険）の被保険者のうち40歳以上65歳未満の者**
**②国民健康保険の被保険者のうち40歳以上65歳未満の者**
**③65歳以上の者**

①のケースに該当するのはサラリーマンなどであり、政府管掌健康保険の場合は、給与に対して0・79％（平成28年度）の率により、給与から天引きされる方式で負担することになっています。

②のケースに該当するのは個人事業者などであり、前年の所得に対して、市区町村ごとに独自の計算方式により算定された保険料が徴収されることになっています。

これら①と②のケースの対象者は、介護保険の「第2号被保険者」とされています。

③のケースは65歳以上のすべての人が対象であり、介護保険の「第1号被保険者」に分類されています。

介護保険料の徴収は、お住いの市区町村によってなされます。年金の年額が18万円以上の場合は年金から天引徴収、18万円未満であれば独自納付することになります。

第1号被保険者の保険料は、市区町村ごとに前年の所得等により独自の計算方式で算定されるので、市区町村によってはかなりの開きが生じます。

たとえば東京都渋谷区（平成28・29年度）のケースでは、年額で最低額3万400円から最高額40万5400円、鹿児島県三島村（平成28・29年度）のケースでは年額で最低額1万6800円から最高額5万7100円、と大幅な開きがあるのです。

全国平均としては年額約6万6000円なのですが、やはりこの金額も少子高齢化のあおりで、改定の都度上昇傾向にあります。

**介護サービスの負担額は**

介護サービスは誰でも利用できる訳ではなく、「65歳以上で要介護認定を受けた方」や「40歳～64歳で一定の要件に従い要介護認定を受けた方」だけが利用することができます。

要介護認定は介護度に応じて「非該当、要支援1・2、要介護1・2・3・4・5」の8段階に分類されます。

**介護サービス費利用限度額**

| 介護区分 | 利用限度額(月額) |
|---|---|
| 要支援1 | 50,030円 |
| 要支援2 | 104,730円 |
| 要介護1 | 166,920円 |
| 要介護2 | 196,160円 |
| 要介護3 | 269,310円 |
| 要支援4 | 308,060円 |
| 要支援5 | 360,650円 |

この金額が最大!!

このうち比較的軽度の「要支援1・2」の認定を受けた場合は「介護予防訪問介護(ホームヘルプ)」「介護予防通所リハビリ」などの介護予防給付的なサービスを受けることができます。

一方「要介護1・2・3・4・5」の認定を受けた場合は「通所介護(デイサービス)」「短期入所生活介護(ショートステイ)」「特定施設入居者生活介護」などの介護給付的なサービスを受けることができることになっています。

これらの介護サービスを受ける場合、介護保

## 高額介護サービス費負担上限額

| 区　分 | 負担上限(月額) |
|---|---|
| 現役並所得者がいる世帯の方 | 44,400円(世帯) |
| 市区町村民税課税者がいる世帯の方 | 37,200円(世帯) |
| 全員が市区町村民税非課税の世帯の方 | 24,600円(世帯) |
| ・老齢福祉年金受給者 | 24,600円(世帯) |
| ・前年公的年金等80万円以下等の方 | 15,000円(個人) |
| 生活保護受給者等 | 15,000円(個人) |

険料を支払っているからといって、介護サービス費がタダになるわけではありません。介護度に応じて「要支援1（5万30円）～要介護5（36万650円）」の利用限度額を上限（前項の表参照）として、その1割（所得が160万円以上なら原則2割）を自己負担として支払う必要があります。

ただし、自己負担額が上の表のように、各「区分」に応じて「負担上限（月額）」を超えた場合は、その超えた金額が「高額介護サービス費」として払い戻されることになっています。

文章の説明だけではなかなかわかりにくいので、具体例で見てみましょう。

(1) 前提・・・対象者は単身世帯のAさん、要介護度5、介護サービスをその月に40万円利用、前年公的年金収入60万円、市区町村民税は非課税

**介護サービス費実質負担額**

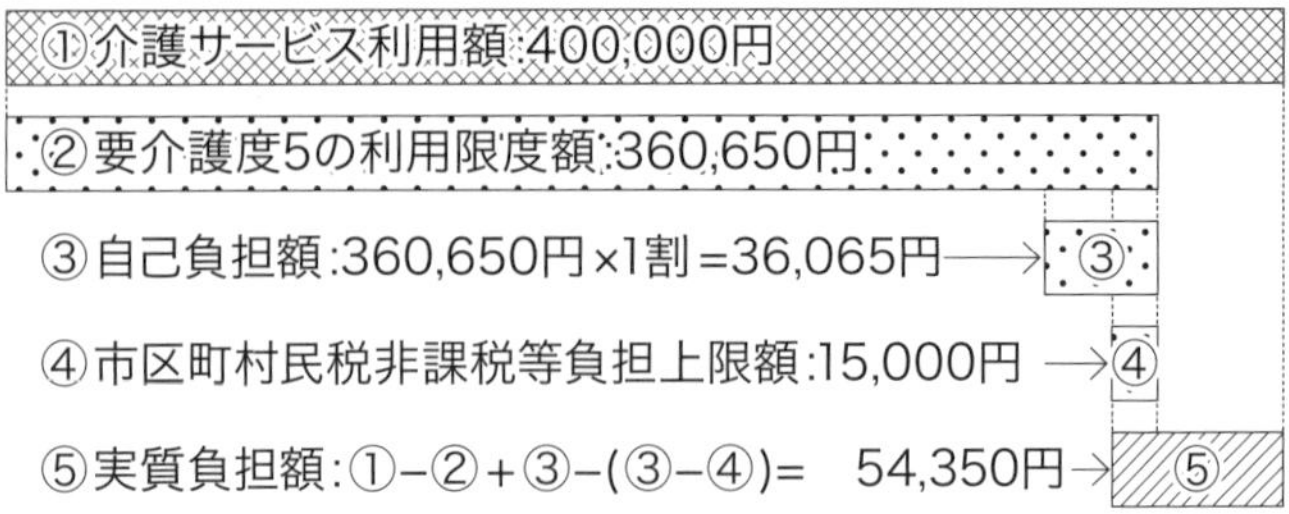


⑵実質負担額・・・上図⑤より5万4350円

このケースでは、Aさんはその月に介護サービスを40万円利用しましたが、実質的に負担したのは5万4350円だけで済みました。

ただし本人負担額については、各自治体で独自の軽減規定等を定めている場合もあります。よって、具体的な負担額を知りたいときは、該当の自治体に確認する必要があるでしょう。

また、老人ホーム等の介護施設の居住費や食事代、生活費などは介護サービス以外の費用となりますので、その部分については別途支払う必要が生じます。

## 老人ホーム等の利用

介護度が低いうちは、在宅で「訪問介護サービス」や「通所介護サービス（デイサービス）」などの「在宅系介護サービス」を受けるのが一般的でしょう。

これらのサービスは、まずお住いの市区町村の窓口に申請する必要があります。その後、ケアマネージャー（介護支援専門員）という介護の専門家に依頼するなどして、介護プランを作成してもらってからサービスを受けることになります。

しかし、介護度が進むにつれて自宅中心での介護は困難となり、介護施設に入所して各種の介護サービスを受ける必要が生じてきます。いわゆる「居住系介護サービス」です。

介護施設の種類は多種多様であり難解な上、さらに法改正によって区分や名称が変更されたりするため、その都度混乱が生じがちです。

現在の主な介護施設の種類（廃止予定のある施設種類は除く）としては、次の通りとなっています。

なお、月額費用は施設ごとにかなり開きがあります。したがって表示金額は、あくまでも目安と考えてください。

**①介護老人福祉施設（特別養護老人ホーム）**

寝たきりなど「原則要介護3以上」で入所可能。月額費用は約6万円〜15万円。

**②介護老人保健施設（老健）**

医療的な行為なども行うが、通常は短期入所に限定。「要介護1以上」で入所可能。月額費用は約8万円〜18万円。

**③介護付き有料老人ホーム**

種々の介護サービスを提供するが、入居費用は高め。月額費用は約12万円〜40万円。

**④認知症対応型共同生活介護（グループホーム）**

認知症限定で共同生活を行う施設。月額費用は約12万円〜20万円。

**⑤サービス付き高齢者向け住宅（サ高住）**

60歳以上の方や要介護者などが利用でき、施設によって各種のサービスを実施。月額費用は約8万円〜25万円。

これらの施設は、自由に選んで入所できるという訳ではありません。まずは入所要件を満たしているか確認した後、できれば近隣で空きのある施設を探す必要があります。介護度は進行するのが一般的なので、「②介護老人保健施設（老健）」以外の施設では一旦入所してしまえば「終《つい》の棲家《すみか》」となってしまう可能性が高いでしょう。

施設の事前見学は通常受け付けており、体験入所が可能なところもあります。施設を探す必要が生じた場合は、入所者本人と施設との相性などもあるでしょうから、都合が許せばこの体験入所なども利用した上で、納得いくまで比較検討されれば良いでしょう。あとはシニア剰余金の多寡を考慮に入れて、予算的に無理のない範囲で入所施設を選ぶようにされてください。

# 第5節　住居費

## 住居計画

住居費は「消費支出」の中でも、重要度の高い項目です。シニア期間を40年とすると、この期間の住居費総額は莫大な金額となるからです。

かりに東京都で賃貸マンション生活をしていたサラリーマンが、60歳で定年退職し、その後も引き続きそのマンションに住み続けるとします。

2DKで月額賃料が12万円であったとすると、50歳から90歳までのシニア期間中の賃貸料総額は「12万円×40年×12カ月＝5760万円」となってしまいます。

このケースではシニア期の支出項目中、最大の比率を占める項目になりかねません。

一方、賃貸ではなく持家の場合であったとしても、かなりのコストがかかります。

持家の場合、住宅ローンを抱えている世帯では、通常その返済額が住居費の中でも最大の割合を占めているはずです。

参考に「平成27年総務省家計調査」で、住宅ローン返済世帯の1カ月平均返済額を見てみると、9万8696円となっています。家計圧迫度の高さが一目瞭然ですね。

次に、建物の種類別に、税法上の減価償却に使用される耐用年数を見てみると、「木造住宅22年」「住宅用マンション47年」と定められています。

この耐用年数を参考にした場合、新築マンションを購入するケースでない限り、シニア期40年の間にはほぼ確実に建て替え、もしくは大規模修繕が必要となってくるはずです。

木造住宅の建て替えであれば、坪数やグレードにもよりますが、一般的に2000万円前後の支出は見込んでおく必要があるでしょう。

若い頃であれば住居計画に失敗しても、時間的にも資金的にもいくらでもやり直しがききます。しかし、シニア期に入ってからの住居計画の失敗はやり直しがききません。

計画の失敗は、なけなしの老後資金を浪費することにつながるので、その結果貧乏老後に直結してしまいます。

以上から、あなたが賃貸または持家のいずれであったとしても、シニア期全体を見越した上で、リスクを極力排除した住居計画を立てておく必要があるでしょう。

## 賃貸のケース

賃貸のケースでは、当然ながら生涯賃料を払い続けなければなりません。

現在支払っている家賃が例えば月額5万円以下であるなど、それほど負担感のない金額であれば、賃貸のままで構わないでしょう。無理に住宅を購入すると、一時的に大きな資金を準備する必要があるからです。

これに対して、先ほどの東京都の賃貸のケースなどでは家賃が高額になるので、何らかの対策を講じなければ、老後破産するリスクを背負いこむことになりかねません。

住み慣れた地域を離れたくないのであれば、多少の郊外転居で手を打つか、賃貸物件の築年数、広さや仕様などのグレードを落とすことによって、すぐに20％〜30％程度の家賃は減額できるでしょう。

もともと地方出身の方などであれば都会を離れること、いわゆる田舎への「シニア移住」にも抵抗感は少ないでしょう。リタイア後は年金収入があるので、求人の少ない地域であっても問題は少ないはずです。

特に過疎地域などでは、自治体が中心となって「空き家バンク」制度などにより、空き家の賃貸を月額数千円程度で斡旋してくれるようなケースもあります。また、移住に対して助成金等を交付してくれる自治体も増えてきています。目星を付けた移住先があるのでしたら、一度その自治体に問い合わせてみる価値はあるでしょう。

都会から離れることに抵抗があるようなら、妥協案として地方中核都市などへの移住で手を打つ方法もあります。

例えば、東北の中核都市仙台や北陸の中核都市金沢などであれば、新幹線で東京仙台間約1時間半、東京金沢間約2時間半程度です。東京に買い物に出たければ十分日帰りで往復することも可能なので、移住の抵抗感も少ないはずです。

これらの都市のマンション賃貸料としては、２ＤＫの中間グレードで月額５万円～７万円前後と、先ほどの東京のケースの半額程度で済むでしょう。

海外勤務経験者なら、海外移住も一法です。東南アジアあたりであれば、賃貸料は一般的に日本の数分の一程度です。食費など他の生活費も安いことを考えれば余裕を持った生活が可能でしょう。

また最近では「スカイプ」などのインターネット電話も発達しています。料金を気にせずに日本にいる親戚知人などと顔を見ながら会話できるので、海外での孤独感も和らぐはずです。ただし、海外生活経験のない方の場合は、トライアル移住期間として、数カ月ほど現地のホテルやコンドミニアムなどで暮らしてみてから、海外移住の最終決断をした方が無難でしょう。

## 持家のケース

持家のケースでは、賃貸のケースのように毎月の家賃支出は不要です。

しかし「建物のライフサイクルコスト」、すなわち家を建ててから老朽化などで取り壊すまでのトータルコストを見てみると、やはり賃貸に引けを取らない莫大な額となります。

例えば、建築価格が２０００万円の家を購入し30年間住み続けたとします。このケースのライフサイクルコストは、支払利息は含めないとしても「2000万円＋2000万円×概算維持費率0・3＝2600万円」となります。

これを月数按分すると「2600万円÷30年÷12カ月＝7・2万円」となり、先ほどの地方中核都市の賃貸料と、さほど変わらない金額になってしまいます。

したがって持家のケースであっても、やはり住居費削減策の検討が必要になってくるのです。シニア期に入ってからの建て替えでは、年齢的に金融機関の審査が厳しくなるので、自己資金中心の資金計画とならざるを得ないでしょう。

そのうえ余命を考えた時、どれだけの期間住むかも分からない住宅のために虎の子の老後資金を減らすことには、どうしても二の足を踏んでしまいがちです。

そこで、建替費を節約ないしは回避したい場合の選択プランとしては、主に次の通りとなります。

**①修繕重点策・・・修繕に重点的に資金を使い、将来的にも建て替えは行わない。**
**②二世帯住宅・・・状況が許せば、建築資金を一定割合拠出して子世帯と同居する。**
**③ダウンサイジング・・・極力小さめの、建坪20坪程度以下の家に建て替える。**
**④売却・・・・・・・住宅を売却・資金化し、賃貸物件に転居する。**

④の売却を選択するケースでは、譲渡益が出た場合の税金を心配する方がおられるかもしれません。

その場合は、所得税法上の「居住用財産の特別控除」という制度を利用すれば、3000万円まで譲渡益が出ても税金の納付は不要となりますのでご安心を。

また、あなたやあなたの配偶者が、将来介護状態となることも考えられるでしょう。そんな心配をお持ちの方は、介護付き有料老人ホームなどの介護施設を「終の棲家」とする選択肢もあります。

核家族化が進み、介護環境が整備された現代においては、もはや自用不動産に固執する必要はないのかもしれませんね。

# 第4章 資産

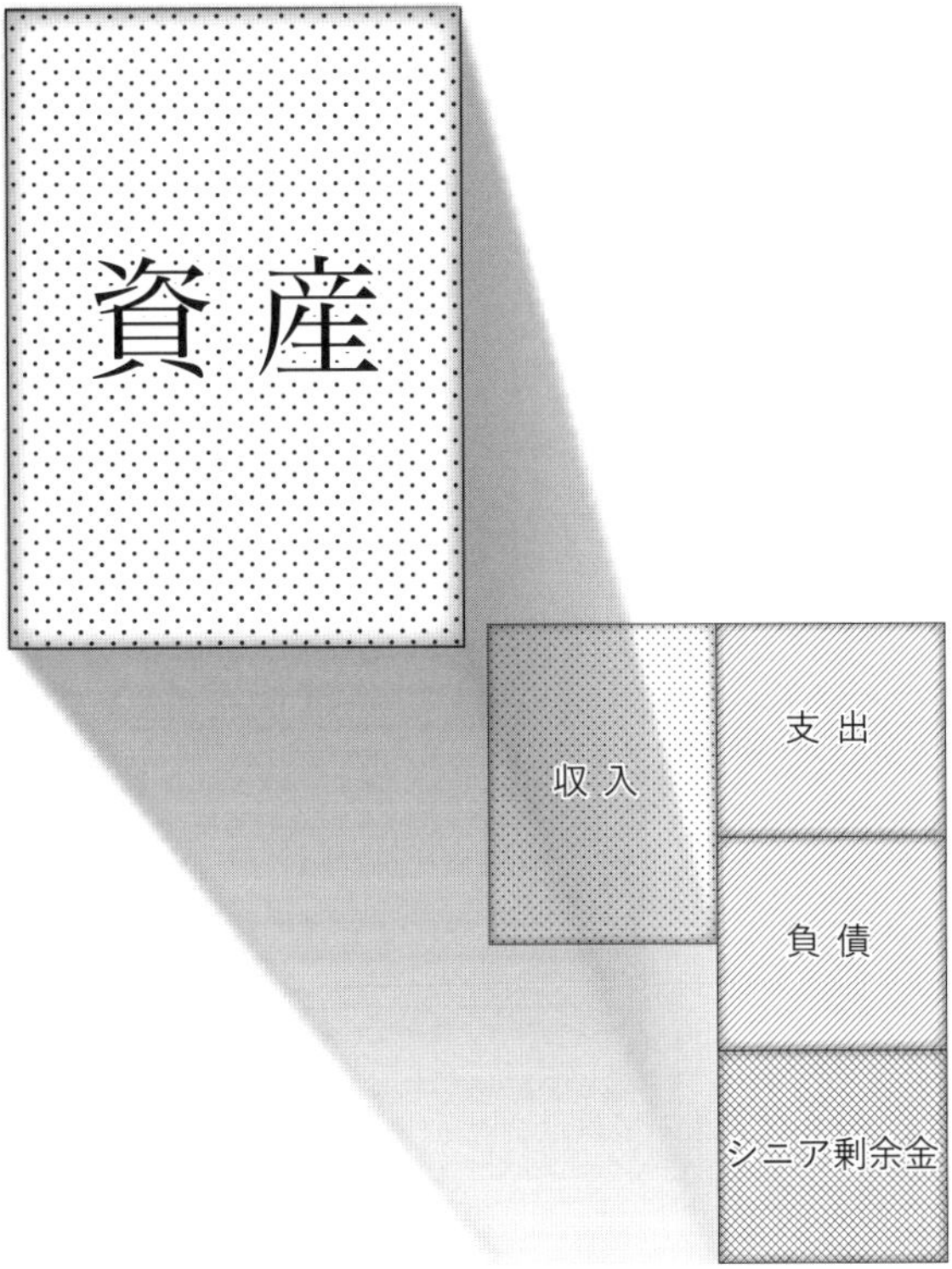

# 第1節　資産の性格

## 資産は将来的な生活資金等

企業会計において「資産」は、「流動資産」「固定資産」「繰延資産」等の区分に分類されています。分類の基準は短期長期いずれの性質を有するか、などです。

しかしシニア会計の「資産」において特に区分はありません。資産の内容としては「現金化できる物」という極めて単純な性質のもののみです。

たとえば定期預金であれば、銀行で「現金」としておろしてくることができます。上場株式であれば、証券会社で「現金」に換金できます。不動産であれば売却することにより、やはり「現金」として受け取ることが可能です。いずれも「現金化できる物」なのです。

シニア会計における「資産」は、今現在は預金通帳や株式、土地など様々な形で存在していることでしょう。

しかし、子や孫に相続財産として残せるほど多額の財産がある場合は別として、基本的には将来現金化を通じて、「シニア期の生活資金等」として消費する目的の財産にすぎないのです。

## 資産運用すべきか否か

シニア会計においては、左側（入方）の「資産」や「収入」が大きくなればなるほど、右側（出方）の「シニア剰余金」の金額も連動して増加する仕組みになっています。

たとえば、保有株式の株価が上がったり、あるいは所有不動産の時価が上昇したりすれば、直接的に「資産」が増加します。

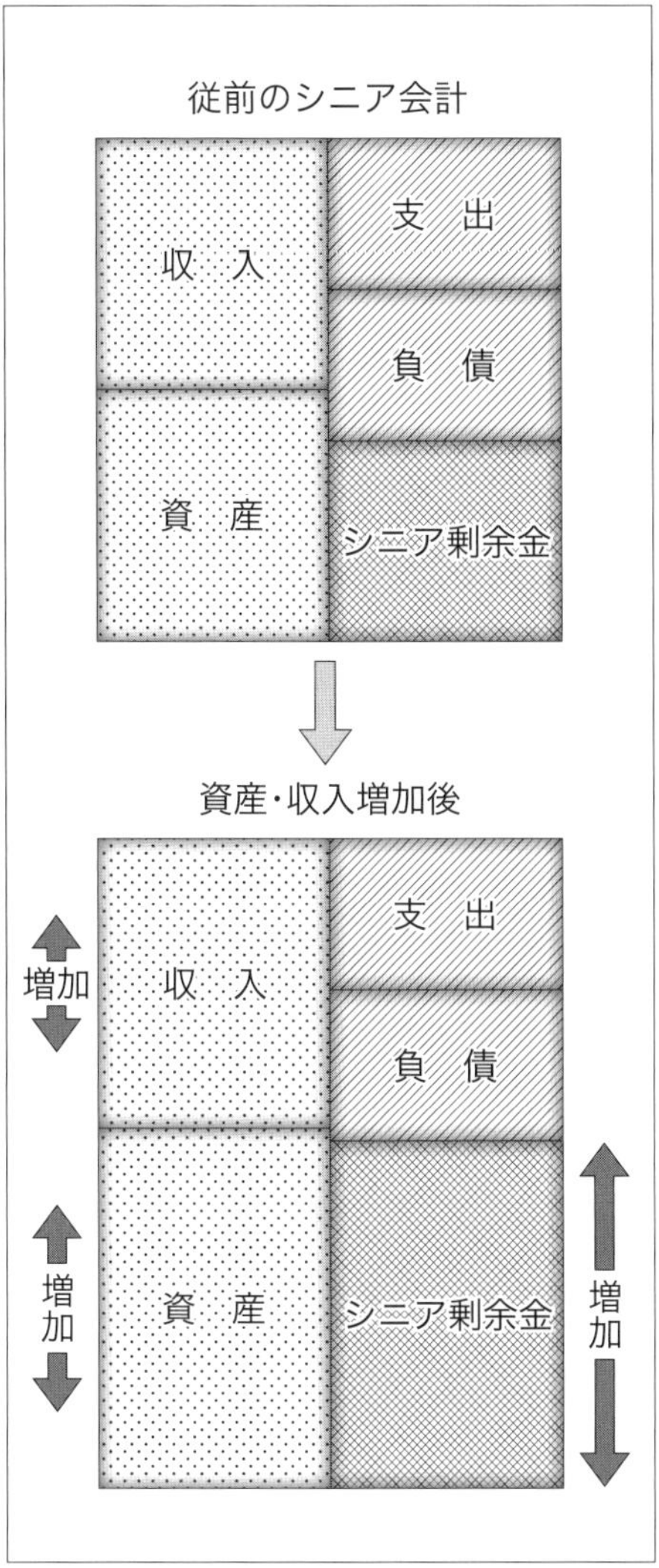

副次的には、保有株式から配当を収受したり、あるいは所有不動産の賃貸により賃貸料を受け取ったりすることにより、入方の「収入」が増加します。

「資産」及び「収入」はいずれもシニア会計の入方を構成するので、これらのいずれが増加しても、結果的に出方の「シニア剰余金」が増加する結果となるのです。

この「シニア剰余金」が増加すればするほど、経済的に余裕を持ったシニアライフを送れることになります。また、病気や災害、あるいは年金受給額の想定以上の減額などの「不時（シニアリスク）の備え」にも余裕を持って対応できることになるのです。

ただし、種々の資産を運用して収益を上げること、すなわち「資産運用」は必ず成功するというものではありません。

たとえば株式投資に関して言えば、ビギナー（初心者）であれば成功と失敗の確率は五分五分と言えます。

したがってシニア期に突入してからは、よほど経験と自信のある分野の資産運用でない限り、控えめに行うのが鉄則でしょう。資産を増やすつもりが、運用に失敗しかえって借金まみれになり、老後破産してしまっては元も子もないのですから。

ここで言う「控えめ」とは、「シニア剰余金」の額と相談しながら慎重に運用投資額を決定することをいいます。

具体的には、「シニア剰余金」が「ゼロ」あるいは「マイナス」の方は、ハイリスクないしはミドルリスクの資産運用は避けた方が無難でしょう。

どうしても資産運用がしたいのであれば、せいぜい利息が特別に高めの少額定期預金や、日本国内の公社債で運用する程度の、ローリスクな投資に留めるべきでしょう。

もしシニア剰余金が徐々に増加し、おおよそ２０００万円を超えてくるようになれば、その２０００万円でシニアリスクに対しての備えはある程度確保できるでしょう。

となれば、その２０００万円を超える額について、まずはある程度積極的な資産運用、すなわちミドルリスクミドルリターン的な資産運用に挑戦してみても構わないでしょう。

比較的新しい制度では「ＮＩＳＡ（少額投資非課税制度）」や「ジュニアＮＩＳＡ」などの活用も一考の価値はあるでしょう。

たとえば、夫婦と二十歳未満の子供が二人の世帯であれば、平成28年からは「（１２０万円×２人＋80万円×２人）×５年＝２０００万円」が非課税となります。つまり、累計２０００万円までの株式に対する売買益や配当金には、税金が課される心配がいらないのです。

株式投資は頭の体操にもなるので、経済メリットだけでなく健康メリット、具体的には認知症予防などにも効果を期待できるものと思われます。

## 第2節　資産の種類

### 主な資産の種類

シニア世帯が保有している資産の種類は各世帯各様ですが、主な資産の種類を列挙すると次のようなものとなります。

①預金・・・・・普通預金、当座預金、定期預金、定期積金など
②有価証券・・・・上場株式、投資信託、公社債、自社株式など
③土地・・・・・・自宅敷地、貸宅地など
④建物・・・・・・自宅建物、賃貸物件の建物部分など
⑤保険契約・・・生命保険、損害保険契約等で返戻金のあるもの

人によってはこのほか貸付金、高級車、差入保証金などをお持ちの方もおられるでしょうが、一般的には先の5種類の資産が基本となるでしょう。

あなたの場合もこれら5種類で、保有資産をおおよそカバーできるのではないでしょうか。

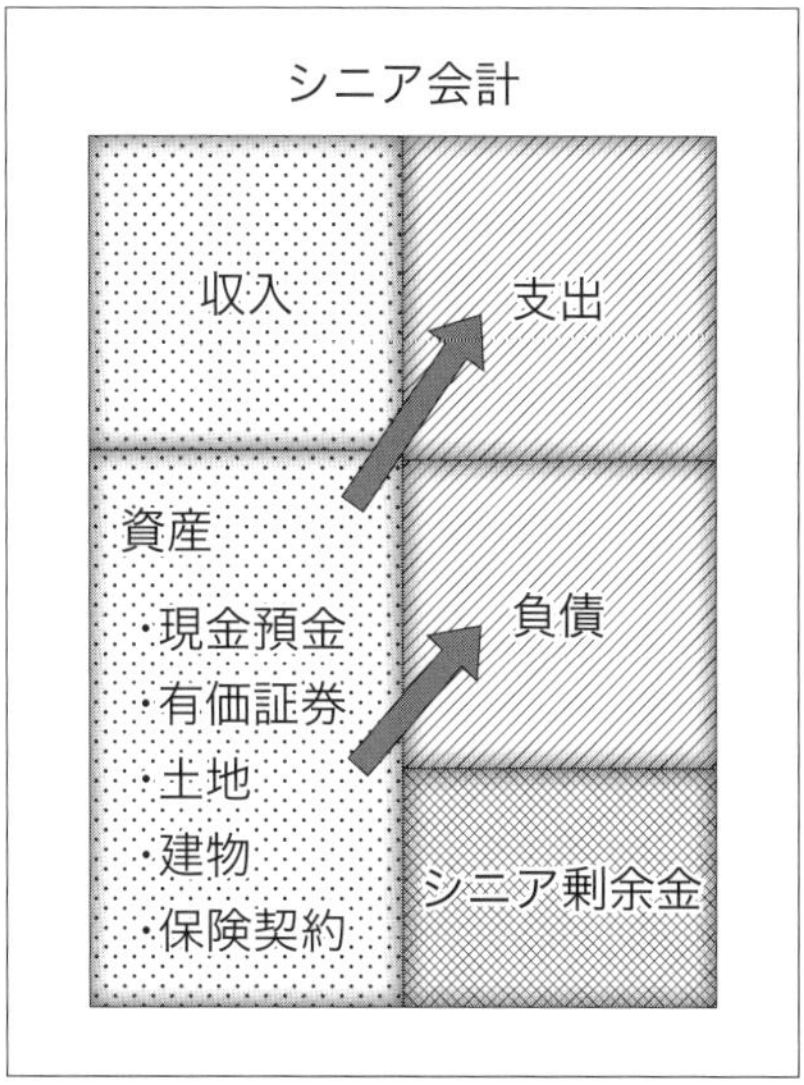


先述の通り、これらの資産は「現金化できる物」という性質を持っています。すなわち、シニア期間を通じて必要に応じて現金化することによって、上図の矢印のように、シニア会計右側（出方）の「支出」及び「負債」の支払いに充当されてゆくことになるのです。

## 資産の評価

シニア会計における資産の金額を確定させるためには、現在保有している資産をまず個別に評価する必要があります。

評価すると言っても、なにも企業会計のように決算報告書を作成したり、相続税の申告のように厳密な財産評価を行ったりする訳ではありません。金額的に多少アバウトな評価であっても、誰かに文句をつけられる筋合いの作業ではないからです。

したがって、すべての資産の評価は、誰にでもできるようなレベルの簡便な方法で行えば十分です。

では次に具体的な資産評価の方法を説明しましょう。

**①預金**

保有している全ての通帳を記帳し、それらの現在残高を合計します。この処理が面倒であれば金融機関から「残高証明書」を取り寄せてもいいでしょう。残高証明書にはその金融機関における、あなたの全ての預金残高が記載されてきます。ちなみに「総務省家計調査報告」によると二人以上世帯の平均貯蓄額は近年およそ2000万円弱で推移しています。

なお、お手元にある現金の残高は、通常は30万円程度以下の少額でしょうから度外視します。

**②有価証券**

上場株式等の「取引相場のある有価証券」であれば、新聞又はインターネットで前日の終値等を確認し、その金額に持株数を乗じたものを合計すればいいでしょう。もし自社株等の「取引相場のない有価証券」をお持ちの場合は、ご自分での評価は難しいので、税理士等の専門家に相談してみる必要があるでしょう。

**③土地**

あなたが所有する土地に接する道路に「路線価が付されている場合」は、「その路線価に土地の面積を乗じた額」が土地の評価額となります。路線価は、時価相場の80％

相当の価額に抑えられていると考えればいいでしょう。

本来の評価は各種の補正率等を使用する複雑な方法によるのですが、簡便性を重視するシニア会計においては、そこまでの手間や評価に要する報酬の支出は省きます。

一方「路線価が付されていない場合」は、「倍率」方式により評価することになります。固定資産の所有者には、毎年4月頃に「固定資産評価額通知書」が該当する市区町村から送られてきます。その書類に記載された「土地の固定資産評価額」に該当地域等の「倍率」を乗じたものが土地の評価額となります。

「路線価」と「倍率」は、インターネットによって「国税庁ホームページ」の該当欄(http://www.rosenka.nta.go.jp/)で調べることができます。もしインターネットをお使いでない方であれば、お近くの税務署へ出向かれれば閲覧コーナーなどで調べることも可能です。

なお、税理士が関与しているような、事業的で大規模な土地の場合は、評価が高額となるおそれがあります。その場合の評価は税理士にまかせたほうが無難でしょう。

**④ 建物**

建物の評価方法にも、税務的評価や不動産鑑定的評価その他様々なものがあります。シニア会計においては簡便性を重視する立場から、これらの方法のうち税務的評価方法を採用します。

具体的には、該当市区町村から毎年4月ごろに送られてくる「固定資産評価通知書」に記載された「建物の固定資産評価額」に「1・0」を乗じた金額、つまり「建物の固定資産評価額」自体が評価額になります。

### ⑤保険契約

保険契約の種類は保険会社ごとに無数あるのですが、大きく分類すると「掛け捨てタイプ」と「積立タイプ」の二種類となります。

掛け捨てタイプの契約は、基本的には解約返戻金や満期返戻金がないので、シニア会計の資産においては度外視、つまり評価額は「0円」とします。

積立タイプの契約は基本的には返戻金があります。通常は契約時の説明書類または保険証券に、経過年数に応じた解約返戻金額が表示されているので、その時点の解約返戻金額が確認できます。

もし保険証券を見ることが煩わしければ、保険会社の担当者に連絡して解約返戻金額を教えてもらうことも可能です。

なお、年金保険契約なども積立タイプに分類されます。

## 資産の計算例

では、次の具体例で資産の計算を行ってみましょう。

対象者はサラリーマンの夫58歳、妻は専業主婦56歳。預金は数本ずつ保有、有価証券は一銘柄保有、大都市近郊のベッドタウンで15年前に庭付き一戸建てを購入、保険契約は一口ずつ契約している、と仮定します。

①預金
夫・・・・・普通預金一本（100万円）定期預金一本（300万円）
妻・・・・・普通預金二本（合計50万円）定期預金二本（合計250万円）
右記合計・・・700万円

②有価証券
夫・・・・・株式会社H製作所の株式2000株を保有、前日終値一株1000円
評価額・・・・1000円×2000株＝200万円

③土地
夫名義・・・敷地面積160㎡で前面道路の路線価は1㎡あたり15万円
評価額・・・・15万円×160㎡＝2400万円

④建物
夫名義・・・通知書記載の固定資産評価額は400万円
評価額・・・・400万円×1・0＝400万円

⑤保険契約
夫契約分・・・積立タイプ一口で評価時点の解約返戻金額は300万円
妻契約分・・・掛け捨てタイプ一口なので評価時点の解約返戻金額は0円
右記合計・・・300万円

⑥資産の部総合計
①+②+③+④+⑤=4000万円

この設例では資産の金額は4000万円と算定されました。

このように一般的な家庭でも、こまめに洗い出してみると各種資産の合計額は意外と大きな金額になります。世帯によっては、シニア期の収入総額を上回るケースも多いはずです。長きにわたるシニア期間の生活資金等の原資として、資産を評価しておくことの重要性がわかりますね。

もっとも一般的に60歳の定年直前の時期は、お子様の教育費支出等も一段落つき給与収入もほぼ高値安定しているので、資産の金額はピークの状態にあります。

その後は生涯かけて各種資産を取り崩していくため、資産の合計額も徐々に減少していくことになるでしょう。

# 第5章

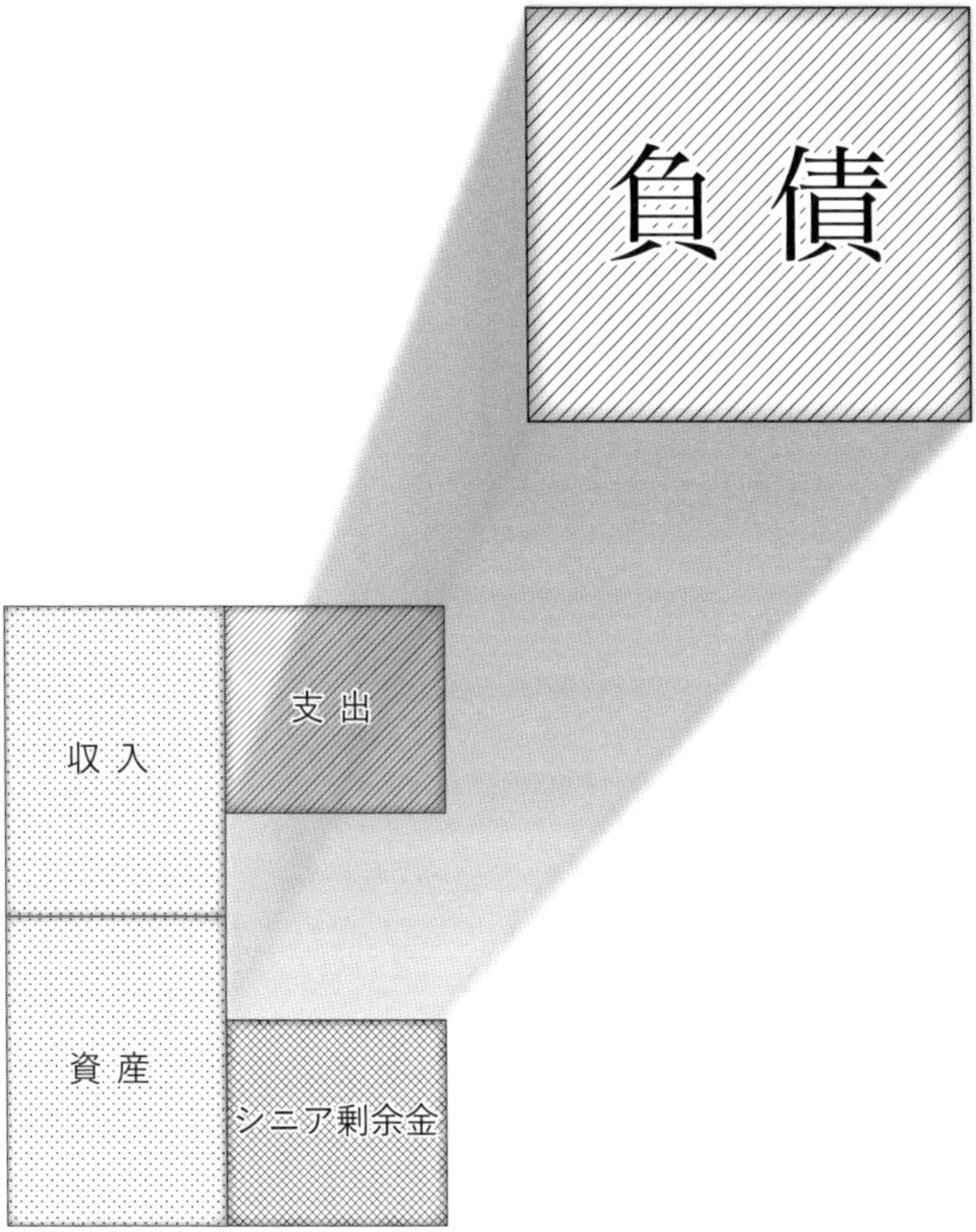

# 第1節　負債の性格

## 負債は将来的な返済義務

企業会計において「負債」は、「流動負債」と「固定負債」とに区分されます。負債を分類する基準として「一年基準（ワンイヤールール）」というものがあります。この基準等に従って、企業の決算日より一年以内に返済期限の到来するものは「流動負債」、一年以上の長期にわたって返済を行う性質のものは「固定負債」というふうに区分されています。

企業の決算は、通常一年ごとに人為的に期間を区切って会計計算を行うため、このような方法が取られています。

一方シニア会計においては、企業会計のように「一年」単位で決算を組むわけではありません。シニア期の終期である「90歳までの期間」を一単位として、決算を組むことになります。そのため、シニア会計の「負債」においては、「流動」「固定」の区分を考慮する必要はありません。

また負債の「額」の算定は、事業を営んでいる場合は別として、サラリーマン世帯や年金生活者世帯の場合それほど難しくありません。

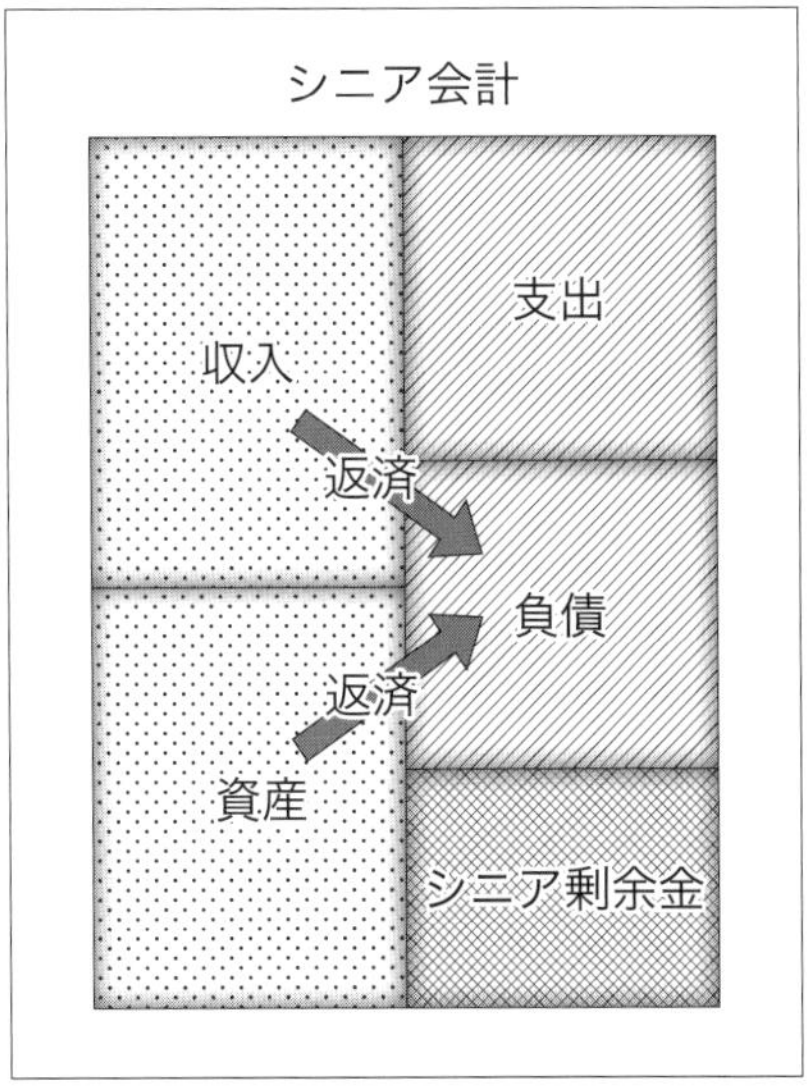


なぜならこれらの世帯の負債内容は、「住宅ローンなどの金融機関からの借入金」が主体だからです。

事業を営んでいる場合のように、支払手形・買掛金・未払費用・預り金・退職給付引当金などの、算定に手間のかかる科目を考慮する必要はありません。

負債の主体となる金融機関からの借入金は、将来的にその金融機関の口座を通して「現金で返済すべきもの」です。

すなわち「負債」とは上図のように、シニア会計の左側（入方）の「収入」と「資産」の双方を原資として、「シニア期間中に返済すべき義務を有するもの」ということになります。

## 繰上返済すべきか否か

シニア世代ともなると、現役リタイアまでの間は、いわゆる「貯めどき」となります。そのため「定期預金が満期になったので、ローンの繰上（内入）返済をしようと思うのですが、得になるのでしょうか？」などという質問をよく受けます。

一見すると、シニア会計「資産」における「預金」などで、シニア会計「負債」における「借入金」を返済すれば、シニア会計の左右同額が減少するだけで、「シニア剰余金」は変動しないと考えがちです。

しかし実際は「借入金」が減少すれば、それに伴う支払利息が将来的に減少するので、結果として「シニア剰余金」はその分増加することになります。

たとえば、手持ちの定期預金５００万円で、借入金の一部５００万円を繰上返済したとします。そうすると返済条件等にもよりますが、支払利息１５０万円程度を将来的に支払う必要がなくなるなどします。つまり負債が６５０万円（５００万円＋１５０万円）減少してしまうのです。その結果シニア剰余金が１５０万円増加することになるのです。この現象を図示するとすれば、次頁の図のようなイメージとなります。

ただし、すべての方に負債の繰上返済が効果的だとは言い切れません。

たとえば「繰上返済により、その先数年で手持ちの生活資金等がマイナスになってしまうケース」です。このケースではマイナスになった資金を、またどこかから借りてこなくてはなりません。結局「もとのもくあみ」となってしまいます。さらには、借入手数料などの負担も増加することになるでしょう。

次に「借入金減少で気が大きくなり、生活が派手になってしまうケース」です。このケースでは、繰上返済をしない方が堅実に生活を送ることができ、貯蓄も増やせたはずだったのに、ということになりかねません。

また事業経営の世界では「借金は薬だ！」という妙なことわざがあります。借金があればその返済のため事業を継続せざるを得ません。つまり、事業経営意欲を失わず働き続けることになり、結果として頭と体の健康をも保てることになる、ということわざです。

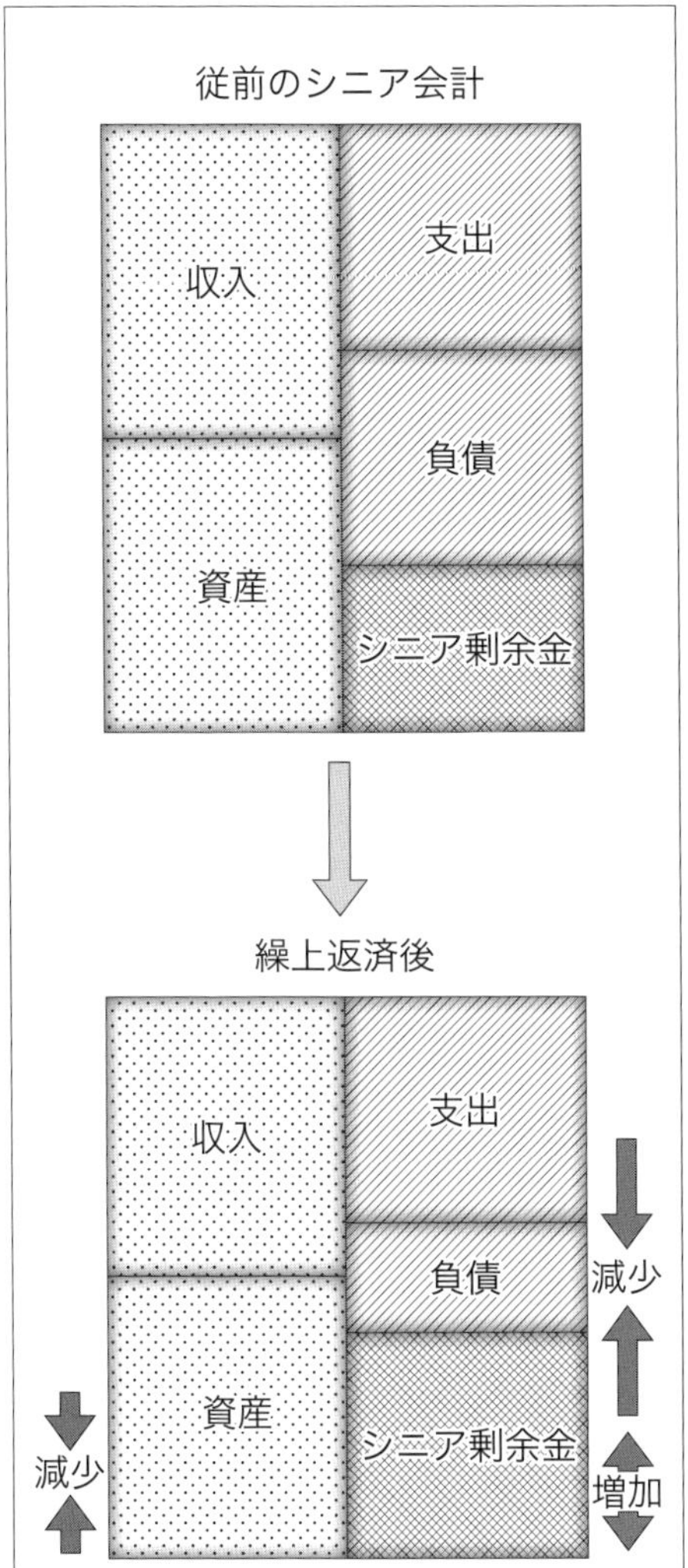

実際に借金が無くなった途端気が抜けてしまうのか、事業経営意欲も失い引退してしまう経営者は多くいます。

シニア世帯においても、借入金が亡くなった途端労働意欲も消失し、仕事を辞め生活のペースが乱れた結果健康を害してしまう、などということも十分ありえます。

したがって「繰上返済の是非」に関しては、「原則として負債の繰上返済は行うべき」ですが「一部例外的には繰上返済を行わない方が良いケースもある」、といささかファジーな返答にならざるを得ません。

# 第2節　負債の種類

## 負債の内訳

シニアが保有している負債の科目は、資産の科目ほど多くありません。

特に、サラリーマン世帯や年金生活世帯のような一般シニア世帯においては、実質的に「借入金」のみが負債科目であると考えて構わないでしょう。

厳密に言えばシニア世帯においても、「未払金」や「未払費用」などの負債科目があるはずです。「未払金」とは例えば、翌月に銀行口座引き落としになる当月分の固定電話や携帯電話の通話料などをいいます。また「未払費用」とは、例えば当月使用した電気料のうち検針日以後の期間の電気料などのことです。

しかしシニア世帯の場合は、これらの未払金や未払費用を合計しても、せいぜい10万円前後でしょう。

シニア会計において「左側（入方）」又は「右側（出方）」の合計金額は通常数千万円、場合によっては一億円を超える金額となります。したがって合計しても10万円程度の未払金などは、無視してしまっても全く問題ありません。

このように、負債科目は「借入金」一科目のみと考えていいでしょう。
その借入金の種類には多種多様なものがありますが、主なものとしては次の通りです。

**①住宅ローン・・・・・・住宅取得のための金融機関等からの借入**
**②マイカーローン・・・・・自家用車購入のための金融機関等からの借入**
**③教育資金借入・・・・・・日本政策金融公庫などからの子息の大学進学等の借入**
**④奨学金返還・・・・・・・子息の奨学金を肩代わり返還する場合の返還額**
**⑤保険契約者借入・・・・・生命保険契約等を担保にした借入**
**⑥年金担保借入・・・・・・厚生年金・国民年金・労災年金等を担保にした借入**
**⑦消費者金融・・・・・・・消費者相手のかつての「サラ金」からの借入**
**⑧リバースモーゲージ・・自宅を担保とした金融機関等からの借入**
**⑨恩借・・・・・・・・・・親戚知人からの借入**

これらの中で利用比率が高く、金額的にも数百万円から数千万円と多額にのぼる可能性のある借入といえば、やはり「①住宅ローン」となるでしょう。

この住宅ローンは、50歳のシニア期突入までに完済し、定年までにある程度のシニア資金をプールしておくことが理想的です。なぜなら定年を過ぎると収入が激減するので、住宅ローンの返済に資金を回す余裕がなくなってしまうからです。

しかし現実的には、50歳のシニア期突入時点においても、かなりの残債を抱えているケースが多いのが実情です。その理由は、金融機関における住宅ローン完済時の年齢が、75歳から80歳に設定されている場合がほとんどだからです。

そのため老後破産を回避しつつ、余裕を持ったシニアライフを送るには、シニア期間を通しての的確な「負債残高管理」が重要になってくるのです。

ちなみに「総務省2014年家計調査報告」の「二人以上世帯の保有額」によると、負債保有世帯の負債額中央値は1019万円となっています。

## 負債の評価

シニア会計における「負債」の金額を確定させるためには、現在保有している負債、具体的には借入金を評価する必要があります。

借入金は前述したように、①住宅ローンや②マイカーローンなど様々なものがありますが、ここでは利用比率の高い①住宅ローンを例に挙げて説明します。

借入金の返済方法には、元金の返済のみが毎月均等で元金と利息の合計額は初期が高い「元金均等返済」と、元金と利息の合計額が毎月均等である「元利均等返済」の二種類があります。

このうち住宅ローンの返済に利用される返済方法は、ほとんどが後者の「元利均等返済」

です。その理由は、返済期間中の毎月の返済額が均等で安定しているため、初期の返済額が高い元金均等返済に比べて生活資金を圧迫しないからです。

「元利均等返済」の場合の借入金の評価は、タイプ別に次の通りとなります。

**(1) 全期間固定金利タイプ**
**「毎月返済額×未返済月数」＋「ボーナス月返済額×未返済ボーナス月回数」**
**(2) 変動金利タイプ、又は、一定期間固定金利タイプ**
**「借入残高」×「1＋0・0173×現時点から完済時までの年数（切上げ）」**


このうち(2)のタイプにおいては、返済期間中の金利変動を予測することは不可能です。そこで、簡便に概算額で借入金の評価を行っていただくために、「みなし利率」として「3・0％」を設定した上で、筆者が独自に係数「0・0173」を算出しました。

昨今の金利状況は史上最低とも言われていますが、バブル時代には8％を超える利率も珍しくありませんでした。すなわち、長期間にわたっての利率変動は、株価変動と同様に、高名な経済学者であっても予測不可能だということなのです。

ただ、現在の経済状況から判断するなら「3・0％」程度の利率を見込んでおけば、将来ハイパーインフレにでもならない限り、返済額が増えすぎてあわてる必要はないはずです。

**借入金評価額の計算例**

それでは借入タイプ別に、具体例で借入金の評価額を計算してみましょう。

(1) 全期間固定金利タイプ

① 借入状況・・・・借入者サラリーマンA氏、現在55歳。40歳の時に住宅資金として3000万円を借入。返済期間35年。ボーナス月返済はなし。金利は固定で3.0%。既に返済した月数は180月（15年分）

② 毎月返済額・・・借入金融機関の借入償還表より、11万5455円。

③ 未返済月数・・・35年×12カ月−180月＝240月

④ 借入金評価額・・②11万5455円×③240月＝2770万9200円

(2) 変動金利タイプ、又は、一定期間固定金利タイプ

① 借入状況・・・・借入者サラリーマンB氏、現在55歳。75歳で完済予定。金利は変動。現在の借入残高は2000万円。

②借入金評価額・・2000万円×（1＋0.0173×〈75歳−55歳〉）＝2692万円

ちなみに先の「⑴全期間固定金利タイプ・サラリーマンＡ氏」のケースでは、借入時から完済時までの実際の総返済額は４８４９万０７６８円、うち支払利息は１８４９万７６８円となります。

借入をした以上支払利息が発生するのは当然のこととはいえ、返済総額は借入額３０００万円の約１・６倍に膨らむことになってしまうのです。

このような現象を逆手に取った場合、住宅ローンの繰上返済は先述のとおり、経済的にはかなり有効な「財テク」になります。

たとえば「⑴全期間固定金利タイプ・サラリーマンＡ氏」のケースにおいて、手持ちの定期預金２００万円を内入返済に充てたとします。すると、支払利息が総額で約66万円も減少することになるのです。

この財テク効果を「投資利益率」という形で表してみますと、「66万円÷２００万円＝33％」となり、他の投資案件とは比較にならないほどの高い利益率になってしまうのです。

# 第6章

# シニア剰余金

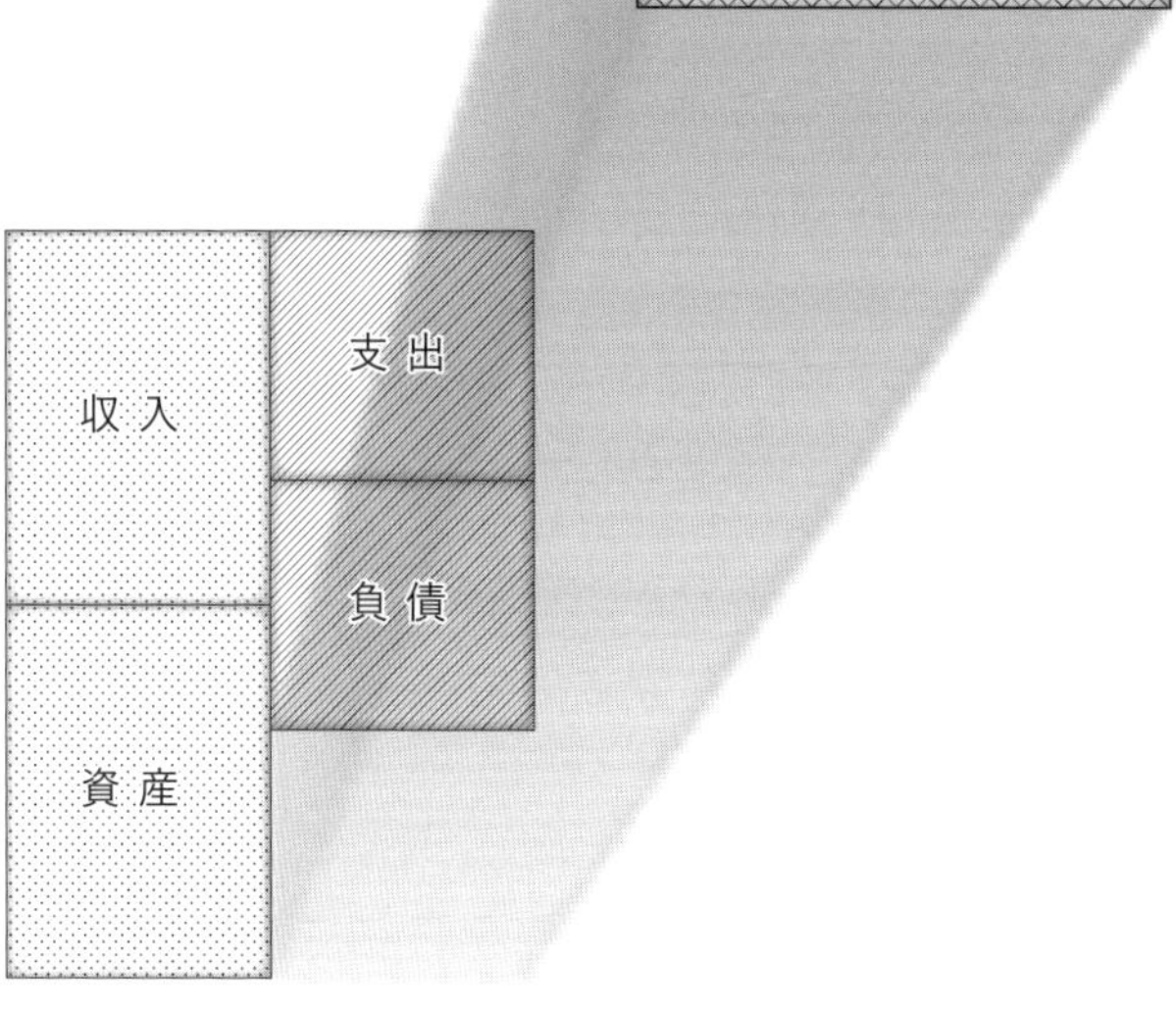

# 第1節　シニア剰余金の性格

**シニア剰余金は単純差額**

シニア会計においては、左側（入方）の「収入＋資産」から右側（出方）の「支出＋負債」を控除した残額が「シニア剰余金」となります。

シニア剰余金に含まれる科目としては、「収入」や「資産」などのように多くの科目はなく、「シニア剰余金」そのもの一科目のみと至極単純です。

また、シニア剰余金は預金通帳や家屋などのように、目で見ることや手で触れることができるような形のある物ではありません。単に入方「収入＋資産」と出方「支出＋負債」の差額として会計技術的に算出される金額、すなわち単純差額にすぎないのです。

この単純差額の具体的な算出方法も実に簡単です。会計仕訳など要りません。

シニア剰余金を計算する場合、下準備としては次の通りの段取りとなります。

①まず、お手元にＡ４用紙をご用意ください。なければ、新聞チラシの裏で構いません。

②その用紙の真ん中に縦に線を引いてください。次に線の左側の真ん中に横線を、右側

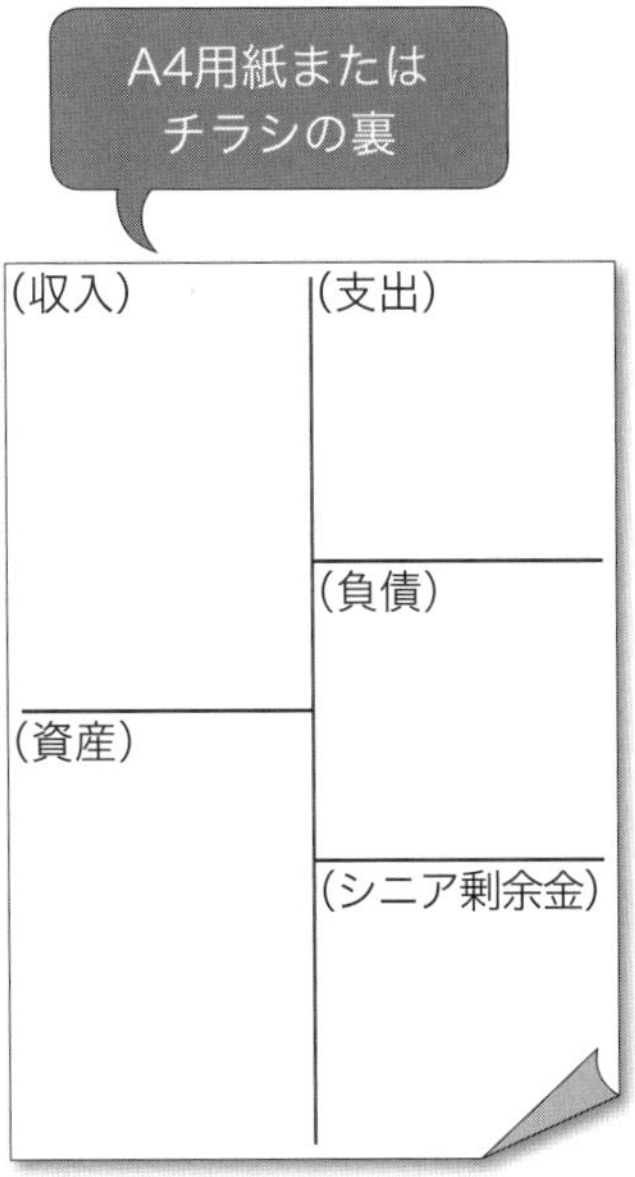


には3等分するように線を2本引いてください。

③左側上段の箱には「収入」下段には「資産」と、右側上段には「支出」中段には「負債」下段には「シニア剰余金」と記入してください。

これで下準備は終了です。

あとは気の向いた時にでも、シニア剰余金以外の箱に、あなたの世帯に該当する金額を、思いつくままに記入していってください。その際は「第2章　収入」から「第5章　負債」までが参考になるでしょう。

記入後の左側と右側との単純差額が、あなたの世帯の「シニア剰余金」となるのです。

## シニア剰余金は基本ゼロ円でOK

ではこのシニア剰余金は、いったいいくら位必要なのでしょうか。

その答えとしては、基本的にシニア剰余金は不要、すなわち「ゼロ円」で構いません。

この答えを聞いて意外だと思われる方も多いことでしょう。なぜなら、世間一般には「老後資金は3000万円必要だ！」「いやそれじゃ少なすぎる、6000万円は必要だ！」「とんでもない、長生きリスクを考えると1億円でも足りないくらいだ！」などと十人十色の意見が飛び交っているからです。

シニア会計においてシニア剰余金がゼロ円で構わないという理由は、シニア会計の仕組みにあります。

つまり、シニア期間中において『年金収入などの「収入」と預貯金などの「資産」』を原資として、『生活費などの「支出」と住宅ローンなどの「負債」』を賄うことさえできれば、基本的にはそれ以上の財産は不要だと考えるのです。

「かわいい子供達に財産を残してあげるのは親の義務だ！」というような、子や孫などに対する強い思いやりをお持ちの方ももちろん多くおられるでしょう。

ただ本書では、まずはご自分の安定したシニアライフを全うするための方法を考えていただくことを主眼としています。

そのためには、シニア剰余金がマイナスにさえならなければOKなのです。つまり、シニア剰余金がゼロ円あってもマイナスにさえならなければ、老後破産を招くことなくシニアライフを全うできるという論理なのです。

逆に言えば「あなた」、有配偶者であれば「あなたと配偶者」がシニアライフを全うした時点で、シニア剰余金が残っていれば、その残額はシニア会計においては「過剰な財産」だと言えます。あの世に札束を抱えては行けないからです。

もしこの「過剰な財産」が残っていれば、それが相続財産として子や孫など相続人の手に渡ることになるだけです。場合によっては、会ったこともないような、遠い親戚が手にすることになるのかも知れません。

かりに「1000万円の過剰な財産」があれば「1000万円」を、「1億円の過剰な財産」があれば「1億円」を、あなたの死後相続人が運よく手にするにすぎないのです。

## シニア剰余金の算定例

では、シニア会計において「シニア剰余金」はどのように算定されるのかを、次の簡略化した例で再確認しておきましょう。

この例の対象者Cさん世帯の設定は、「夫Cさん、年齢60歳、前月に定年退職したばかり、現在継続雇用により65歳まで勤務予定」、「妻、年齢56歳、パート勤務」です。

①左側（入方）・・・・・収入8000万円＋資産4000万円＝1億2000万円
②右側（出方）・・・・・支出1億円＋負債1200万円＝1億1200万円
③シニア剰余金・・・・①1億2000万円－②1億1200万円＝800万円

この例を見ると、まず①の入方合計が１２０００万円、つまり1億２０００万円と見たことのないような巨額な数字に上っていることに驚かれるかもしれません。

しかし、この金額は突拍子もないものではありません。意外と現実的な数字です。

たとえば、厚生労働省が想定する標準世帯の平均年金受給額を見てみると、ひと月あたり22万１５０４円（平成28年度）となっています。

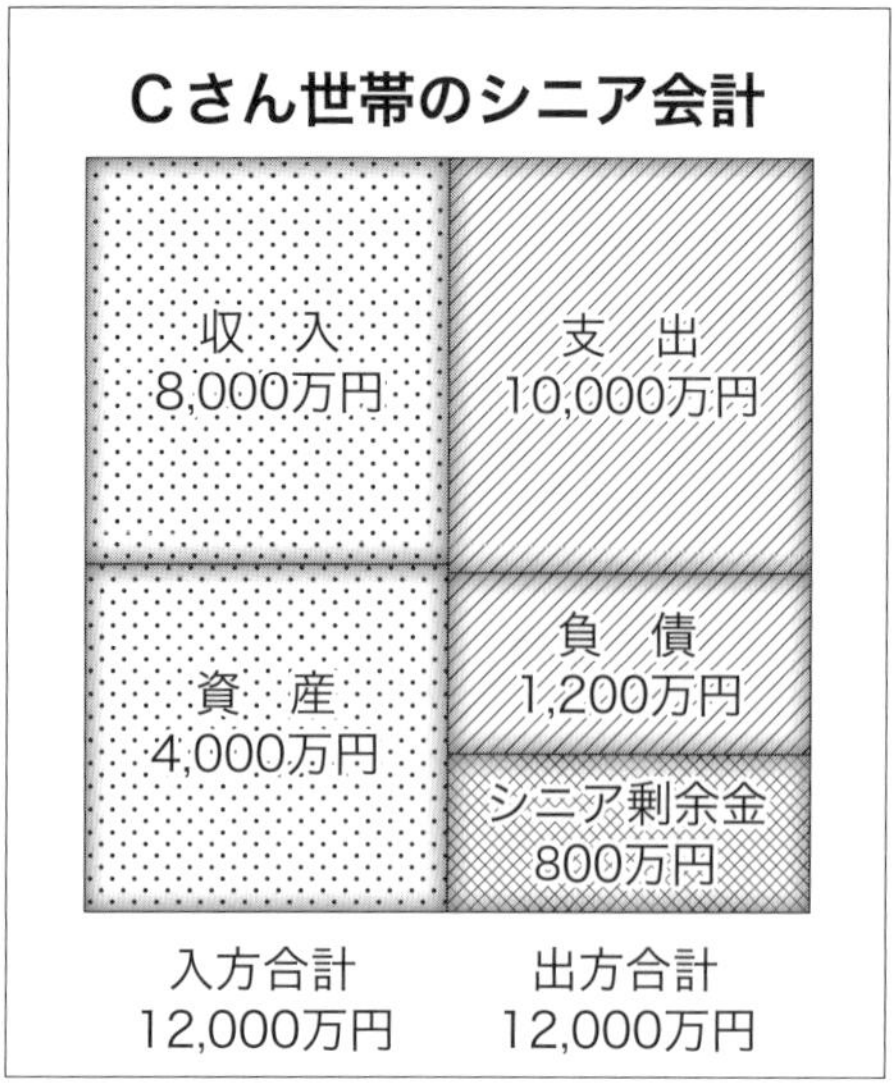


この平均年金受給額を仮に65歳から90歳まで受け取るとすれば、「22万１５０４円×12カ月×（90歳－65歳）＝約６６５０万円」。みなし減額率10％を控除すると「約６６５０万円×（１００％－10％）＝約６０００万円」となります。

これに夫の60歳からの嘱託・パート収入、妻のパート収入などをプラスすれば、シニア会計「収入」の金額は８０００万円程度にはなってしまいます。

また、一戸建ての住宅を所有してい

る場合、それ以外の金融資産なども含めて4000万円程度であれば、平均的金額の範疇と言えます。

この収入8000万円と資産4000万円を合計しただけで、ゆうに1億円は突破してしまいます。

支出に関しては、「第3章　支出」の「第1節　家計支出」における「夫婦二人世帯の基本家計支出総額」を基に試算してみても、「27万5706円×12カ月×（90歳－60歳）＝約9900万円」とほぼ一億円に達してしまいます。

一方「シニア剰余金」に着目すると、800万円となっています。シニア会計全体から見れば、心配になるほど小さい金額に映るかもしれません。

これでは60歳のCさんが、残り30年ものシニア期間を乗り切るには、少なすぎると思われるでしょうか。でもその金額で一向に構わないのです。

「シニア剰余金」がプラスである限り、シニア資金が枯渇して老後破産するということにはなりません。

シニアライフにおいては、シニア期間を通してこの「シニア剰余金」をいかに上手にコントロールし続けるかが、あなたの腕の見せ所となります。

具体的には、定期的にシニア会計をアップデート（更新）して「シニア剰余金」の額をチェックし、プラスの状態を維持し続けることにさえ注力すればいいのです。

## マイナスの場合の改善活動

先述したとおり「シニア剰余金は基本ゼロ円でOK」、すなわちシニア剰余金がプラスでありさえすれば基本的に心配するには及びません。問題なのはシニア剰余金がマイナスの場合です。

問題である理由は、あなたの世帯のシニア剰余金がマイナスであるとすれば、シニア期間の終期である90歳を迎える前にシニア資金が枯渇し、経済的に生活が破綻してしまうからです。

しかし、今あなたのシニア剰余金がマイナスであると判明したのであれば、それはむしろラッキーなことです。プラスとは言わなくても、ゼロにする改善活動を実施しさえすれば、老後破産の危機を回避できるのですから。では、改善活動とは何をすればいいのでしょうか。

具体的には次の作業を実施することになります。

**(1) 月額改善額を算定する**
**(2) 改善策を決定・実行する**

まず(1)の「月額改善額を算定する」です。

シニア剰余金のマイナス額は、ケースによっては数千万円におよぶこともあるでしょう。

これでは、手の打ちようがないほど大きな金額に感じるかもしれません。

しかし、個々の世帯の許容額にもよりますが、ひと月あたりの額に分解してしまえばほとんどのマイナスケースで、現実味をもって受け入れることができる程度の金額に落ち着くはずです。月額改善額を算定する計算式としては、前述しましたが次の通りとなります。

**〈月額改善額＝シニア剰余金マイナス額÷（90歳－あなたの年齢）÷12〉**

たとえば、現在55歳の方のシニア剰余金マイナス額が1500万円だったとします。この場合は「1500万円÷（90歳－55歳）÷12＝3万5714円」となり、ひと月あたりにすれば、3万5714円だけの改善額でよいことになります。

「なんだ、たいしたことないじゃないか！」と、ちょっと安心されたのではないでしょうか。

次に⑵の「改善策を決定・実行する」です。

月額改善額を達成するには、まず「第2章　収入」「第3章　支出」などを参考にして、次の二項目を検討されてください。

**①「収入」増加策を実施・・・リタイア時期の繰下げや賃貸収入の検討など**
**②「支出」削減策を実施・・・家計支出全般の見直しなど**

これら①と②の項目は、ご自分に決定権のあることなので、要するに「やるか、やらないか」という性質のものです。これらの実施によって、月額改善額を達成できれば改善活動は終了です。

もし、改善額を達成できなければ、さらに「第4章　資産」「第5章　負債」などを参考にして、次の二項目も検討してみてください。

**③「資産」増加策を実施・・・不動産や株式等の資産運用など**
**④「負債」削減策を実施・・・贈与資金等での借入金の繰上返済など**

これら③と④の項目は、一般的に①や②の項目のように、自分で決めれば即行動に移せる、という性質のものではありません。経済状況に左右されたり、贈与してくれる方の都合などがあったりもするからです。

したがって、③と④に関しては数年がかりのスパンで実現させるつもりで、ある程度気長に取り組めばいいでしょう。

幸いにも、③又は④が実現できたあかつきには、シニア剰余金のマイナス額も縮小方向へ改善される結果となります。

したがってその場合には、再度⑴の月額改善額を算定し直してください。以前より負担の少ない金額に縮小しているはずです。

## シニア剰余金は安全余裕度を表す

先ほどまでは「シニア剰余金」はゼロ円で構わない、ということを述べてきました。これはシニア会計の基本、いわば大原則について述べてきたわけです。ここで言うところのシニア会計の基本とは次のことを言います。

すなわち、あなたの世帯のシニア期が終期を迎えるまで、「あなたの世帯を取り巻く現在の様々な状況ないしは環境は変化しない」という前提に立った上で、シニア会計の計算を行うことを意味しています。

しかしシニア期間が40年もの長きに渡るとなると、あなたの世帯を取り巻く環境は大きく変化します。具体的には「家族構成の変化や体調面の変化などの内部環境」および「経済情勢や年金支給額の増減スライドなどの外部環境」は、想像もつかないほど変化してゆく可能性があります。

たとえば大卒初任給ひとつを例に取ってみても、１９７０年頃には3万円台だったのが、40年強が経過した現在では約20万円とおおよそ6倍に激増しています。

「世の中一寸先は闇」とも言われるくらいですから、どんなリスク（危険）やトラップ（罠）が待ち構えているかわかりません。

可能な限り、シニア期におけるリスクヘッジ（備え）はしておきたいものです。シニア期は攻めの世代ではなく、守りの世代なのですから当然でしょう。

その「リスクヘッジの大きさ」を表すものが、「シニア剰余金の大きさ」なのです。企業会計で言うところの「内部留保額」に相当する概念です。

すなわち、シニア剰余金はシニア期における「安全余裕度」を表す指標なのです。

この「シニア剰余金」が大きければ大きいほど、余裕を持って豊かで安定したシニアライフを謳歌できることになるのです。

# 第2節　シニアリスク

## シニアリスクとは

筆者が中小企業診断士としての立場から企業を診断する際には、その企業がどれだけの潜在的リスクを内包しているかを洗い出します。

潜在的リスクのうち、対策を講じることにより回避可能なリスクは回避し、回避不可能なリスクについてはリスクが顕在化した際の影響を最小限にとどめる策を講じます。それにより自己破産等の倒産から企業が守られることになるのです。いわゆる「リスクマネジメント」です。

シニア世帯においても、シニアライフの安寧を脅かす様々な潜在的リスク、いわば「シニアリスク」を内包しています。これらに対して無防備であった場合、悪くすれば老後破産に陥りかねません。

これらシニアリスクの回避、軽減策を講じるためには、まずは項目別にリスクを洗い出しておく必要があるでしょう。

そのシニアリスクの主な項目としては、次のようなものが存在します。

**⑴年金減額リスク・・年金財政悪化により予想以上に年金が減額されること**
**⑵病気リスク・・・・三大疾病等に罹り治療費に予想以上の費用がかかること**
**⑶介護リスク・・・・自分又は配偶者等が介護状態になり費用がかかること**
**⑷不動産リスク・・・老朽化等で住宅が使用不能、又は売却価格が下落すること**
**⑸長生きリスク・・・シニア期終期の90歳を超えて長生きすること**

これら以外にも、更なる消費税率アップ等による税金リスクや物価上昇リスクなどもシニアライフに影響してきます。ただ、先に挙げた5項目のリスクは、シニアライフに対する影響度の高い項目に限定して列挙してあります。

これらのリスク顕在化により発生した各種のコストは、次項のようにシニア会計の「収入」又は「資産」を減少させるか、「支出」又は「負債」を増加させるベクトルで影響します。その結果、虎の子の「シニア剰余金」を減少させるベクトルで影響を受けてしまうのです。

## ⑴ 年金減額リスク

先に「第2章　収入」の中の「年金収入」の節で、現実的な年金減額率としては10％程度が妥当だと述べました。ただ、実際にはこの程度の減額率で納まるかどうかは予断を許しません。

「マクロ経済スライド」、すなわち現役人口や平均余命の変動等による年金支給率のスライドや、年金支給開始年齢の更なる引き上げ、その他の要因の影響によって、「みなし減額率」が当初予測の10％よりさらに上振れする可能性もあるからです。

たとえば、「ねんきん定期便」より算定された年金収入が７０００万円である方の実質的年金収入は、６３００万円（７０００万円×〈１００％－10％〉）だと述べました。

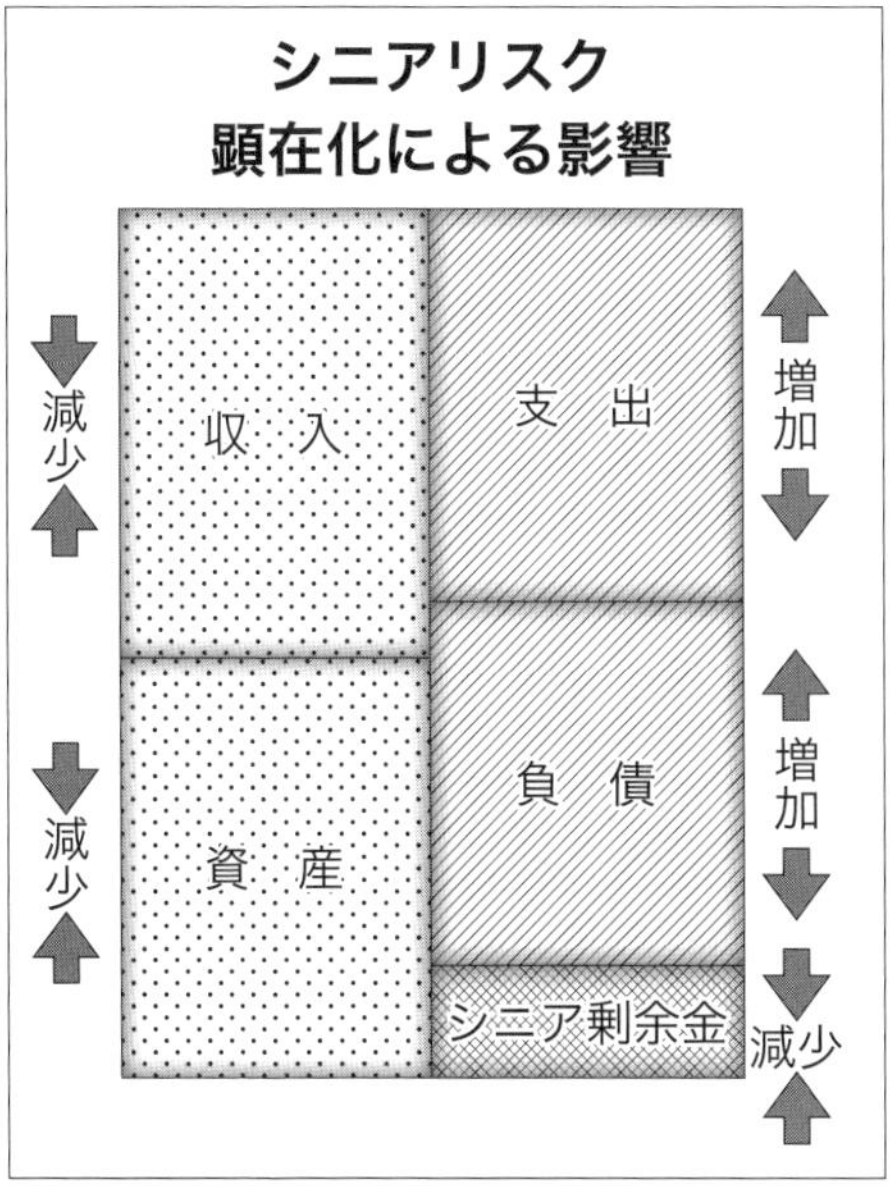


ところが将来20％の「みなし減額率」が生じたとします。その場合は７００万円（７０００万円×〈20％－10％〉）の年金収入が減少することになってしまいます。

このケースでは見方を変えて表現すれば、７００万円の「年金減額コスト」が発生する、ということになるのです。

### (2) 病気リスク

病気リスクに関しては、風邪や関

節痛など軽微な病気の治療費は少額なので問題とはしていません。ここでシニアリスクに含まれるのは、いわゆる「三大疾病」が中心となります。

三大疾病とは日本人の死亡順位ワースト3を占める「ガン」「急性心筋梗塞」「脳卒中」などのことです。これらは他の病気と比べて入院が長期化しやすく、また医療費も高額になるおそれがあります。

ただ一般的には、医療費の支払が高額になっても「高額療養費制度」等の利用により、支払額の大部分は免除あるいは支給を受けられるので、それほど心配はいりません。

心配が必要なケースは、ガンなどに罹った場合に「先進医療」を受けるような場合です。先進医療とは、ガンを例にとると、その治療を受ける際に「陽子線治療」や「重粒子線治療」などの先進的な医療行為を選択する場合です。

これらの治療費は300万円を超える場合もあるのですが、先進医療は保険診療適用外なので全額自己負担となってしまいます。

このようなケースでは、藁にもすがる思いで未承認治療薬等に頼る方も多くいます。その場合は命には代えられないとばかり、治療薬購入費に糸目をつけないケースも多く、月単位の薬剤費等が100万円を超えるケースもあるようです。

ょう。

### ⑶ 介護リスク

介護リスクに関しては、60歳前後で介護認定を受けるようなケースはまだ比較的少数でしょう。

しかしシニア期終盤に向かっては急激に介護率が上昇し始めます。統計的には、85歳以上になると半数以上が要介護認定を受けることになります。

ということは夫婦世帯がともに85歳以上まで生きたとすると、夫婦のうちいずれか一方は要介護状態になっている可能性が極めて高いと考えられるのです。

たとえば夫婦の一方が80歳で要介護状態となり、残りのシニア期間を介護施設で暮らしたとします。ひと月の介護費用が18万円とすると「18万円×12カ月×（90歳－80歳）＝2160万円」と、莫大な介護コストが発生してしまいます。

「年金生活なのに、そんな大金あるわけないだろう！」と言う方も、もちろんおられるでしょう。そんな場合は、もう一方の配偶者が自宅で介護を行うなどの、いわゆる「老老介護」状態に陥らざるを得ません。

その場合でも「ホームヘルプサービス」や「デイサービス」など最低限の介護サービスの利用は避けられないでしょう。この程度の介護サービスの利用であれば、介護施設に入所するほどのコスト負担増は回避できるはずです。

## (4) 不動産リスク

「不動産リスク」とは、住宅の老朽化による建替えや大規模修繕の発生、あるいは処分価格の下落などにかかるリスクのことを言います。

もともと子世帯と同居していた場合であれば、将来的にも子世帯が中心となって、建替え等の面倒を見てくれるかもしれません。

しかし単身世帯や夫婦二人世帯の場合は、別生計の子供に援助を要求するなど、現実的には難しいことでしょう。おそらく子世帯の方でも、教育費や住宅ローン返済の真っ只中にいるはずであり、親世帯を援助するような余裕はないはずですから。

いずれにせよ、時の経過により40年に渡るシニア期間中には、老朽化による建替え等の事象が発生し、対処を迫られる時期が訪れるものと思われます。

建替えの場合は、単身世帯又は二人世帯であればダウンサイジング、すなわち小さめの家で我慢するとしても、建築費に最低限1000万円は必要になるでしょう。

大規模リフォームにとどめるとしても、リフォームの内容により金額の幅がありますが、少なくとも500万円程度はかかるでしょう。

住宅を処分、すなわち売却する場合においても、周辺環境の変化や売買交渉の巧拙などによって、売却価格が大幅に下落することは珍しいことではありません。

たとえば御自分で3000万円と評価していた住宅であっても、売却価格が3割(3000万円×3割＝900万円）程度下落することは珍しくありません。この場合は900万円の「処分損コスト」が発生するということになるのです。

### (5) 長生きリスク

シニア会計に基づいて会計計算を実施するには、便宜的に会計期間を斬る必要があります。そのため本書ではシニア期間を50歳から90歳までと設定しています。

近年では90歳どころか、新聞のお悔やみ欄を眺めても、当たり前のように100歳以上のいわゆる「百寿者」が名を連ねる時代です。今現在元気なあなたであれば、あなた自身が百寿者になる可能性も十分あり得ます。

このように90歳を超えるということは、長生きできた証なのですから、本来おめでたいことに違いありません。

しかしあいにくシニア会計においては、適正な会計計算を行うためにも長生きによるコストの増加、いわば「長生きコスト」を見積もっておかざるを得ません。

この長生きコストにも個人差はあるのですが、目安としては次項の通りとなります。

また単身世帯の場合は支出、収入とも、夫婦世帯よりも多少低い金額となりますが、その場合でも「保守主義の原則」に従って、次の金額を目安にしていただければ結構でしょう。

①月額標準家計支出（総務省家計調査・高齢夫婦無職世帯）・・・・27万5706円
②月額年金収入（標準世帯）・・・・・・・・・・・・・・・・22万1504円
③月額長生きコスト・・・・・・・・・・・・・・・①－②＝5万4202円

仮に100歳まで生きたとすれば、「③5万4202円×12カ月×（100歳－90歳）＝約650万円」の長生きコストが必要になると見積もられることになります。

現実的には90歳を超えると、医療費や介護費がかなり増加することになるでしょう。またその頃には、年金収入の減額が進行している可能性も高いと考えられます。

よって「③月額長生きコスト5万4202円」はかなり控えめに見積もった金額であると言えるでしょう。

## シニアリスクの総額は

以上の⑴から⑸などのリスクすべてが、必ずしもあなたの世帯に降りかかるという訳ではありません。

また⑵病気リスクや⑶介護リスクなど一部のリスクについては、生命保険や介護保険の加入によって、リスクヘッジを期待することも可能でしょう。しかしその場合は、当然相応の保険料支出により、シニア剰余金がその分減少することになります。

いずれにしても各リスクの発生状況次第で、シニアリスクの総額は想像を絶する金額に達してしまいます。たとえば前記⑴から⑸を参考に、これらすべてのリスクが発生した場合のシニアリスク総額を見積もってみましょう。

①年金減額リスク・・・前記⑴の700万円
②病気リスク・・・・・三大疾病の治療費300万円×夫婦二人分=600万円
③介護リスク・・・・・前記⑶の2160万円
④不動産リスク・・・・前記⑷の900万円
⑤長生きリスク・・・・前記⑸の650万円
⑥合計額・・・・・・・右記①〜⑤の合計5010万円

これらの金額は仮定に基づくものとはいえ、それぞれの項目は現実味のある数字です。合計額としては、⑥で約5000万円もの大きな額に達してしまいました。

どのリスクを取ってみても、自力での回避はほとんど不可能な性質のものばかりです。

つまり、あなたの世帯のシニアリスクがどの組み合わせで発生し、いったいいくらになってしまうのかは神のみぞ知る、ということになるのです。

リスクマネジメントの観点からすれば、右の見積もりを参考にする限り5000万円の安全余裕度、すなわち５０００万円のシニア剰余金を有してさえいれば、おおよそのシニアリスクに対処できるものと考えられます。

ただ現実的には、全てのシニア世帯が５０００万円ものシニア剰余金を確保することは不可能でしょう。また世帯によっては、シニアリスクの発生が全くないケースもありうるはずです。つまりシニアリスクは０円というケースです。

これらのことを勘案するとシニア剰余金の目安としては、５０００万円を最終目標として、各世帯において０円〜５０００万円の範囲内で無理をしない程度に積み増していけば良い、というふうに結論づけられます。

かりに、あなたの世帯では努力したにもかかわらず、最終的に１０００万円しかシニア剰余金を確保できなかったとしても仕方がありません。最悪の事態を気に病んでばかりいては、かえって病気になってしまいます。

もしリスク顕在化により最悪の事態、すなわち老後破産の事態に陥ったとしても、日本人の特権であるセーフティーネット「生活保護」が控えています。この制度に救いを求めれば、窮屈な生活を強いられることにはなるでしょうが、首をくくる必要まではありません。プライドが邪魔をしない限り、なんとか生きのびる最低限の権利は得られるのです。

あとは運を天に任せて、シニアリスクの発生額は自世帯のシニア剰余金の範囲内で収まるはずだ、と楽観主義で一度きりの人生残りのシニアライフを満喫しようではありませんか。

# 第3節　相続・贈与

## シニア剰余金が多すぎると

あなたが人生を全うする時点を、相続税法上の用語で表せば「相続開始時」となります。この相続開始時において次項の図のようにあなた自身のシニア剰余金が残っていれば、その金額は「遺産」として相続人に引き継がれることになります。

ことわざに「地獄の沙汰も金次第」というものがありますが、あの世まで預金通帳や土地の権利書などを抱えて持って行くことはできません。つまり配偶者のいない単身世帯などでは、相続開始時においてシニア剰余金がゼロ円であっても構わないという理屈になります。

ただし、相続開始時までに発生する可能性のある、前述したようなシニアリスクに対処しようとすれば、やはりある程度のシニア剰余金が必要になってきます。

前節のケースでは、約5000万円のシニア剰余金が必要と判断されました。ということは、5000万円以下のシニア剰余金しかないのに、相続税対策のつもりで子や孫にどんどん贈与を行うことは早計だと考えられます。

シニアリスクが顕在化した場合、シニア資金が枯渇してしまい、あなた自身の世帯を破産の危機にさらすことになってしまうからです。また、財産を無くしてしまった親を、子供が冷たくあしらうケースなどはよく耳にするところです。

一方、今度はシニア剰余金が多すぎるとなると、子や孫に遺産のすべてを渡すことができなくなります。なぜなら、相続税が遺産から控除されてしまうからです。

相続税の基礎控除額は、原則として「3000万円+600万円×法定相続人」という計算式で算出されます。たとえば法定相続人が子供1人だけの場合は、基礎控除額が「3000万円+600万円×1人=3600万円」となります。

遺産が基礎控除額を超える場合には、相続税が課税されます。税率は相続税額速算表のと

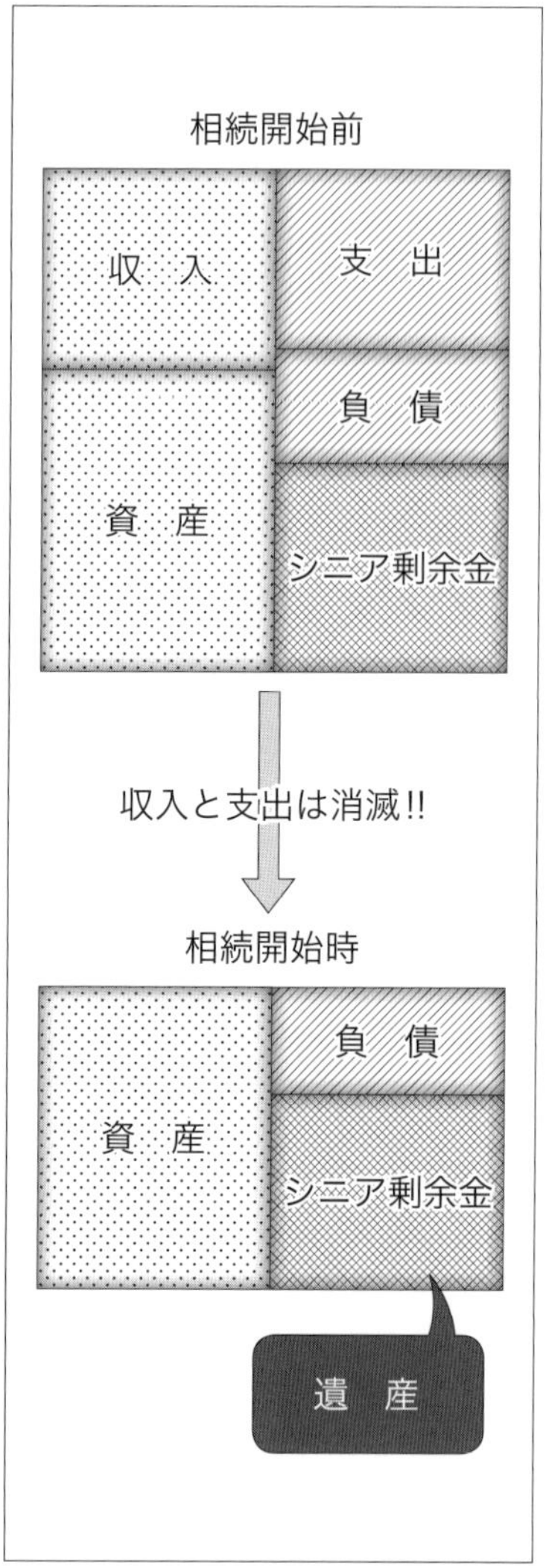

## 相続税額速算表

| 法定相続分に応ずる取得金額 | 税率 | 控除額 |
| --- | --- | --- |
| 1,000万円以下 | 10% | — |
| 3,000万円以下 | 15% | 50万円 |
| 5,000万円以下 | 20% | 200万円 |
| 1億円以下 | 30% | 700万円 |
| 2億円以下 | 40% | 1,700万円 |
| 3億円以下 | 45% | 2,700万円 |
| 6億円以下 | 50% | 4,200万円 |
| 6億円超 | 55% | 7,200万円 |

おり10%〜55%であり、最高税率は他の税目と比較してもかなり高く設定されています。

たとえば、遺産が10億円で法定相続人が子供1人だけの場合、最高税率の55%が適用され相続税額は約4・6億円となります。つまり税引後で相続人の手元に残る遺産は、次項の計算の通り、なんと半分程度の約5・4億円に目減りしてしまうのです。

①遺産総額・・・・10億円

②基礎控除額・・・
3000万円+600万円×1名=3600万円

③相続税額・・・・
(①−②)×税率55%−速算控除額7200万円
=4億5820万円（約4・6億円）

④手取遺産額・・・①－③＝5億4180万円（約5・4億円）

## 遺言書の必要性

あなたの「遺産」は相続開始後、相続人間の「協議」で「分割」されることになります。これを専門用語で「遺産分割協議」と呼びます。

遺産分割協議は、例えば遺産が数千万円以下のケースのように、それほど多額でない場合は比較的スムースにまとまります。

しかし一般的に遺産が億を超えてくると、各相続人が独自の主張を展開し始めるので、いわゆる「争続」化の様相を呈してきます。裁判にまで発展するケースも珍しくなく、そうなればその後は親戚付き合いが途絶えてしまうことにもなりかねません。

現在のあなたのシニア剰余金が億を超えているようであれば、あなたは世に言う「資産家」です。であるならば資産家の務めとして、相続人があなたの死後、遺産を巡って仲たがいするような事態は避けなければなりません。

そのためにも、相続人に対する愛情表現の手段として、「遺言書」を作成しておく必要性が高まってきます。

遺言書の種類としては「①自筆証書遺言」「②公正証書遺言」「③秘密証書遺言」の3種類

## 公正証書遺言の基本手数料

| 目的財産の価額（相続人ごと） | 手数料の額 |
|---|---|
| 100万円まで | 5,000円 |
| 200万円まで | 7,000円 |
| 500万円まで | 11,000円 |
| 1,000万円まで | 17,000円 |
| 3,000万円まで | 23,000円 |
| 5,000万円まで | 29,000円 |
| 1億円まで | 43,000円 |
| 1億円超3億円まで | 43,000円+5,000万円ごとに13,000円 |
| 3億円超10億円まで | 95,000円+5,000万円ごとに11,000円 |
| 10億円超 | 249,000円+5,000万円ごとに8,000円 |

いわば「争族」回避の安心料!!

があります。

これらのうち最も手軽で費用のかからないものは「①自筆証書遺言」です。この方法は、紙とボールペンと印鑑があればすぐにでも作成できてしまいます。

この方法は文面に作成日や署名など、一定の要件を具備する必要があります。要件が不備である場合は、厳密に言えば正式な遺言書とは認められません。

筆者は税理士という職業柄、相続税申告の際に自筆証書遺言を拝見する機会があり、その際に遺言書を確認すると、意外と要件不備のものが多くあります。

しかし遺産総額がそれほど多額

でない場合は、相続人の方々は多少の要件不備などはあまり問題にはしません。筆跡などから、被相続人が書いたものとおおよそ確認さえできれば、一般的には被相続人の意思を尊重して、その遺言書通りの遺産分割を承認することになるのです。

それでもなお、自筆証書遺言の要件不備が心配な方は「②公正証書遺言」を選択すれば、要件不備で遺言が無効になるおそれはなくなるでしょう。

「②公正証書遺言」は多少の手数料（前項参照）を支払えば、遺言書作成のプロとも言える「公証人」が確実に遺言書を作成、保管してくれるので安心です。

最後の「③秘密証書遺言」は、「①自筆証書遺言」や「②公正証書遺言」ほどのメリットがないので、実務的に利用されることはあまりありません。度外視していただいて結構でしょう。

### 相続税節税策

相続税は相続開始後、あなたの相続人に対して課税され、原則として死亡日から10カ月を経過した日までに納付すべき税金です。

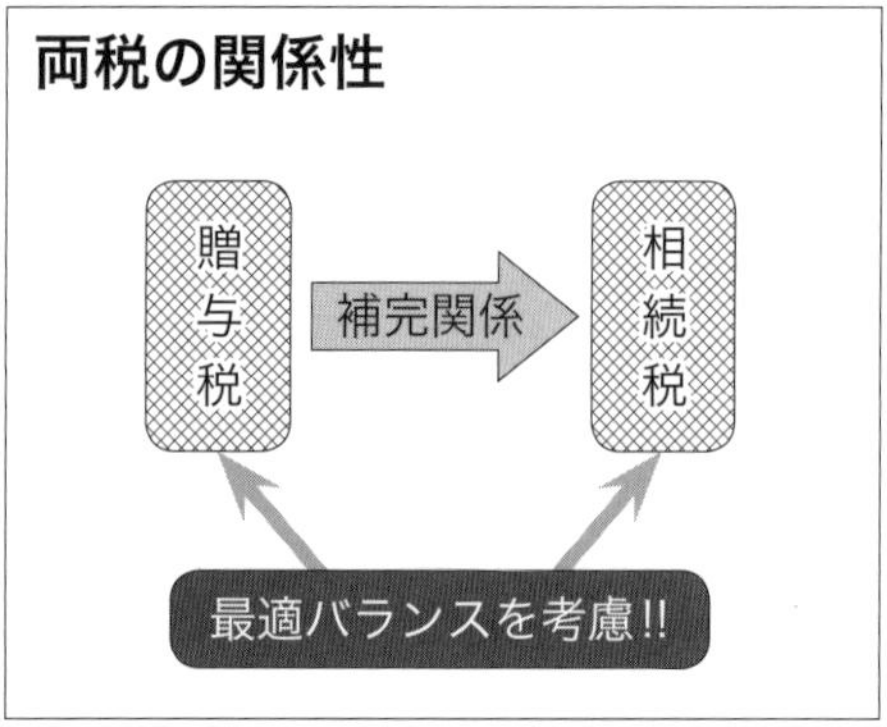

ということは、納付時点でとっくにあなたは天国にいるはずです。相続人に相続税が課税されようが課税されまいが、あなたにとって俗世界のことなどもう関係のない話でしょう。

そうはいっても、あなたが愛情を注いだであろう配偶者や子供達が、下界で相続税の納付に苦しむ姿は、できることならあの世からでも見たくないのではないでしょうか。となると、やはり生前に相続税の節税策を検討しておかざるを得ません。

相続税の節税を検討する際には、前項の図に示したように「贈与税は相続税の補完税である」と言われ、贈与税もセットで策を練っておくことが定石です。

そこで、本書においてはオーソドックスな節税策も含め、重要度の高い次の数種類の節税策に絞って紹介しておきましょう。

**(1) 暦年贈与**
**(2) 法定相続人増加策**
**(3) 居住用不動産の夫婦間贈与**
**(4) 住宅取得資金の贈与**
**(5) 教育資金の一括贈与**
**(6) 結婚・子育て資金の一括贈与**

なお「第2章　収入」の「第9節　贈与相続収入」においても、一部これらと重複した項目があります。まず「第2章　収入」においては「あなた自身が、シニア剰余金を極力多く確保する視点からの説明」となっています。一方、この「第6章　シニア剰余金」においては、「あなたの遺産を、極力多く次代へ残す視点からの説明」となっている点が異なっているのです。

### ⑴ 暦年贈与

「暦年」とは、1月1日から12月31日までの1年間のことを言います。この1年間に行った「贈与」については、1人1年あたり110万円までは贈与税が課税されません。

この110万円の非課税枠を有効に活用して、相続税を節税する方法を「暦年贈与」節税策と呼びます。

たとえば、被相続人となるべき方から、子や孫など6人に、毎年一人当たり150万円ずつ、20年間贈与（総額1億8千万円）したとします。このケースでの節税額は、次項の「節税サンプル表⑴」のとおりとなります。

この表においては、相続税額をすべての税率で算定するとかえって混乱してしまいます。ですので、遺産額に応じて「最高税率55％」「中間税率30％」「最低税率10％」の3区分をサンプルとして表示しています。

**節税サンプル表(1)**　　(単位:万円)

| | 区　分 | 税額 | 節税額 |
|---|---|---|---|
| ① | 贈与税額<br>(20年間累計) | (150－基礎控除110)×<br>税率10%×6人×20年＝480 | — |
| ② | 相続税額<br>(最高税率55%) | 150×6人×20年×税率55%<br>＝9,900 | ②−①＝<br>9,420 |
| ③ | 相続税額<br>(中間税率30%) | 150×6人×20年×税率30%<br>＝5,400 | ③−①＝<br>4,920 |
| ④ | 相続税額<br>(最低税率10%) | 150×6人×20年×税率10%<br>＝1,800 | ④−①＝<br>1,320 |

※②③④は単純税率で算定

このケースでは最高で、②の区分の9420万円もの節税が達成できました。つまり、この浮いた資金を親族内に留保することが可能になったのです。

ただしこの方法を採る場合、税務署から「連年贈与」であるとの指摘を受けないような配慮が必要です。連年贈与とは、例えば2200万円を贈与する意思がある場合に、これを20年に分割して110万円ずつ毎年贈与するようなケースのことです。

税務署から「お尋ね」や「税務調査」などがあった際には、「110万円の非課税限度額は毎年きっちり守っている！　贈与税なんて1円たりとも払う必要ないだろう！」と反論したくなるところです。

しかし、身勝手な理屈が税務署に通用する保証はありません。

かりにも相続税の心配をされるような資産家の方々は、わずかな税金など惜しんではいけません。相続税等と比較計算の上で、ある程度の贈与税を潔

## 節税サンプル表(2)

(単位:万円)

| | 区　分 | 相続税額算出過程 | 節税額 |
|---|---|---|---|
| ① | 遺産総額<br>70,000<br>Ⓐ税率55%<br>Ⓑ税率50% | (70,000－3,600※1)×55%<br>－**7,200**＝29,320 …Ⓐ<br>{((70,000－4,200※2)÷2)×50%<br>1人あたりの相続税額<br>－**4,200**}×2＝24,500 …Ⓑ | Ⓐ－Ⓑ＝<br>4,820 |
| ② | 遺産総額<br>10,000<br>Ⓐ税率30%<br>Ⓑ税率15% | (10,000－3,600※1)×30%<br>－**700**＝1,220 …Ⓐ<br>{((10,000－4,200※2)÷2)×15%<br>1人あたりの相続税額<br>－**50**}×2＝770 …Ⓑ | Ⓐ－Ⓑ＝<br>450 |
| ③ | 遺産総額<br>4,000<br>Ⓐ税率10%<br>Ⓑ税率 0% | (4,000－3,600※1)×10%＝40 ……Ⓐ<br>(4,000－4,200※2)＝△200＜0 ……Ⓑ | Ⓐ－Ⓑ＝<br>40 |

※1:基礎控除額 3,000万円＋600万円×法定相続人1名
※2:基礎控除額 3,000万円＋600万円×法定相続人2名
太字は法定相続分に応ずる取得金額に対する控除額を表す(P221相続税額速算表参照)

く納めるバランス感覚を兼ね備えておく必要があるでしょう。

### (2) 法定相続人増加策

「法定相続人」とは、ある方(被相続人)が亡くなった場合に、配偶者や子など、被相続人の遺産を相続する権利がある人のことを言います。

この法定相続人を増加する策とは、具体的には被相続人に養子を増やす方法のことです。例えば「被相続人」と「被相続人の長男の嫁」とを、養子縁組するようなケースのことを言うのです。

この方法を採用すると、次のようにダブルで相続税を軽減する効果が得られます。

**①基礎控除額の増加・・・1人当たりの基礎控除額600万円が増加する。**

**②税率の低減・・・1人当たりの相続額が減少するので、税率が低下する。**

ではモデルケースとして、Ⓐ「法定相続人は長男1名のみ」、Ⓑ「法定相続人は長男・長男の嫁の2名」としたケースで節税額を見てみましょう。

結果は前項の表⑵の通りとなります。このうち①の遺産総額7億円のケースでは、法定相続人を1名増加するだけで4820万円もの大幅な節税が実現できました。

ただ相続人が増えると、当初の相続人の相続額が減少してしまうので、相続人間のトラブルに発展する可能性があります。

従ってこの方法を採用する際には、あらかじめ当初の相続人に根回しを行っておく配慮が必要でしょう。

### ⑶ 居住用不動産の夫婦間贈与

シニア層の夫婦であれば、一般的に婚姻期間は20年を超えていると思われます。

その場合贈与税においては、その長きに渡る結婚生活を祝う意味を込めて、贈与税を非課

## 節税サンプル表(3)

(単位:万円)

| | 区　分 | 税額 | 節税額 |
|---|---|---|---|
| ① | 贈与税額 | 贈与額2,110－(非課税額2,000＋基礎控除額110)＝0 | ― |
| ② | 相続税額(最高税率55%) | 2,110(非課税相当2000＋基礎控除相当110)×55%＝1,160.5 | ②–①＝1,160.5 |
| ③ | 相続税額(中間税率30%) | 2,110(非課税相当2000＋基礎控除相当110)×30%＝ 633 | ③–①＝633 |
| ④ | 相続税額(最低税率10%) | 2,110(非課税相当2,000＋基礎控除相当110)×10%＝ 211 | ④–①＝211 |

※②③④は単純税率で算定　※登録免許税等は度外視

税とする特典が準備されています。

この制度は「居住用不動産の夫婦間贈与」といい、要件は次の通りです。

> **① 婚姻期間が20年以上の夫婦であること**
> **② 「居住用不動産」又は「居住用不動産を取得するための金銭」の贈与であること**
> **③ 2000万円までの贈与であること**

厳密に言えばこの2000万円に、暦年贈与の基礎控除額110万円も加算されるので、2110万円まで贈与税がかからないことになります。

例えばある男性からその妻に、居住用不動産のうち2110万円分を贈与、技術的には2110万円相当額を妻名義に共有登記を行ったとします。

するとこの男性に相続が発生した場合には、贈与相当額が相続対象から除外されることになります。

そのため前項の表(3)のとおり、各税率区分に応じた節税額が実現することになるのです。結果的には相続人である妻や子などは、節税額の分多く財産を取得することができてしまいます。

このテクニックは、その気になればすぐにでも実行できます。

したがって縁起でもないのですが、相続が発生してせっかくのチャンスを逃してしまわないよう、思い立ったが吉日、今のうちに検討及び実行してみてはいかがでしょうか。

## (4) 住宅取得資金の贈与

この制度は、父母や祖父母などの直系尊属から居住用家屋の取得、増改築等の資金の贈与を受けた場合、一定の非課税限度額まで贈与税が非課税となるものです。

今後一定期間は、毎年のように非課税限度額は変動します。その期間中最高額で3000万円という、かつてなかったような大きな金額が非課税となる見込みであり、千載一遇の相続税節税チャンスとなるかもしれません。

例えば、ある被相続人となる方に3人の子がいて、全員が「住宅取得資金の贈与の非課税制度」を3000万円利用したとします（利用可能総額は9330万円）。

この場合相続税の節税額は上表(4)の通りとなります。このうち②の最高税率55%のケースでは、5000万円を超える大金を節税することができました。

## 節税サンプル表(4)

（単位：万円）

| | 区　分 | 税額 | 節税額 |
|---|---|---|---|
| ① | 贈与税額 | {贈与額3,110－(非課税額3,000＋基礎控除額110)}×3人　＝0 | — |
| ② | 相続税額（最高税率55%） | 9,330{(非課税相当3,000＋基礎控除相当110)×3人}×55%＝5,131.5 | ②–①＝5,131.5 |
| ③ | 相続税額（中間税率30%） | 9,330{(非課税相当3,000＋基礎控除相当110)×3人}×30%＝2,799 | ③–①＝2,799 |
| ④ | 相続税額（最低税率10%） | 9,330{(非課税相当3,000＋基礎控除相当110)×3人}×10%＝933 | ④–①＝933 |

※②③④は単純税率で算定

ただしこの制度にはいくつかの注意点もあります。たとえば、資金の贈与を受けた年の翌年3月15日までに、建築した住宅に居住していることなどが要件とされています。

建物の建築の場合、工務店の都合などで工期が遅れることは、珍しいことではありません。しかしいくら自分に責任がなくても、完成引き渡しが翌年3月15日の期限を過ぎてしまうと、非課税制度の適用が原則アウトになってしまいます。

そうなると、贈与を受けた3000万円に対して、おおよそ1000万円を超える法外な贈与税を支払う羽目になってしまうのです。

従ってこの制度を利用する場合は、その年の1、2月中に資金を贈与し、その年の12月までには建物の完成引き渡しが完了するようなスケジュールで、余裕を持って建築計画を組んでおく必要があります。

そうすれば、まずこの節税策が失敗に至る心配はないでしょう。

### (5) 教育資金の一括贈与

この制度は祖父母などの直系尊属から30歳未満の孫などが、大学進学のためなど教育資金の贈与を受けた場合、1500万円までの金額については贈与税が非課税となるものです。

例えば、被相続人となる方に6人の孫がいて、全員に教育資金として1500万円ずつ一括贈与したとします（贈与総額9000万円）。

この場合相続税の節税額は、次頁の表(5)の通りとなります。

このケースでも先ほどと同様に、②の最高税率においては、ほぼ5000万円もの大金を節税することができました。

ただしこの制度にもいくつかの注意点があります。

例えば、「信託銀行などに孫等の教育資金口座を開設し一括で1500万円までの金額を入金すること」「その入金された金額は30歳までに教育資金として使い切ってしまうこと」などです。

30歳までに使い切れず残ってしまった金額については、30歳に達した年において贈与税が課されてしまうのです。

**節税サンプル表(5)** (単位:万円)

| | 区　分 | 税額 | 節税額 |
|---|---|---|---|
| ① | 贈与税額 | (贈与額1,500－非課税額1,500)×6人　=0 | — |
| ② | 相続税額(最高税率55%) | 9,000(非課税相当1,500×6人)×55%=4,950 | ②–①=4,950 |
| ③ | 相続税額(中間税率30%) | 9,000(非課税相当1,500×6人)×30%=2,700 | ③–①=2,700 |
| ④ | 相続税額(最低税率10%) | 9,000(非課税相当1,500×6人)×10%=　900 | ④–①=900 |

※②③④は単純税率で算定

従って孫などが大学に進学せず、高校や中学を卒業してすぐに働き出すと推測される場合などは、教育資金として１５００万円を使い切ることはできないはずです。

その場合は、１５００万円の満額ではなく、７００万円や３００万円などと、状況に応じてある程度減額した額を贈与するにとどめておけばよいでしょう。

### (6) 結婚・子育て資金の一括贈与

この制度は祖父母などの直系尊属から20歳以上50歳未満の孫などが、結婚や子育てのためなどの資金の贈与を受けた場合、１０００万円までの金額については贈与税が非課税となるものです。

例えば、被相続人となる方に6人の孫がいて、全員に結婚・子育て資金として１０００万円ずつ一括贈与したとします(贈与総額６０００万円)。

## 節税サンプル表(6)

(単位:万円)

| | 区　分 | 税額 | 節税額 |
|---|---|---|---|
| ① | 贈与税額 | (贈与額1,000－非課税額1,000)×6人　＝0 | — |
| ② | 相続税額(最高税率55%) | 6,000(非課税相当1,000×6人)×55%＝3,300 | ②–①＝3,300 |
| ③ | 相続税額(中間税率30%) | 6,000(非課税相当1,000×6人)×30%＝1,800 | ③–①＝1,800 |
| ④ | 相続税額(最低税率10%) | 6,000(非課税相当1,000×6人)×10%＝　600 | ④–①＝600 |

※②③④は単純税率で算定

この場合相続税の節税額は、上表(6)の通りとなります。

このケースでは、②の最高税率において3300万円もの大金を節税することができました。

ただしこの制度にもいくつか注意点があります。

例えば、「結婚関係で支払われるものについては300万円を限度とすること」「金融機関の口座等に一括で1000万円までの金額を入金すること」「その入金された金額は50歳までに使い切ってしまうこと」、などです。

50歳までに使い切れず残ってしまった金額については、50歳に達した年において贈与税が課されてしまうのです。たとえば、1000万円に対する贈与税は177万円です。

近年「生涯未婚率」、すなわち50歳になった時点で一度も結婚したことのない人の比率は、上昇の一途をたどっています。将来的にこの生涯未婚率は男性で約35％、女性で約27％にも達すると予測されています。

従って、この制度の適用を受けた孫が結婚しない可能性も低くはありません。ただもし最終的に結婚せず、贈与税が課税されるとしても、この方法が失敗に終わるとは言い切れません。

適用される贈与税率が相続税率より低いケースも、十分ありえるからです。そのケースであれば、この制度の利用価値は十分あった、ということになるでしょう。

## おわりに

本書を最後までお読みいただき、誠にありがとうございました。

読まれた感想はいかがでしたでしょうか。


現在我が国におけるシニアの人口は、約5600万人です。さらに日々新たなシニアが誕生し続けています。

そのため介護業界などは、この先30年間は安泰だと予測されています。ハローワークの求人募集などを見ても、介護関連の募集数が常にほぼトップの座を占めている現状です。


この5600万ものシニアの多くは、はたして経済的に破綻せずに、人生のゴールまで無事にたどり着くことができるのか、不安にさいなまれながら日々を過ごしています。

いわばシニアライフという大海を、なんの羅針盤、すなわちなんの指標も持たずに漂流し続けている状況に見てとれます。

本書は、これら「シニアライフ難民」とも言えるような方々に、シニアライフという大海を座礁や転覆することなく無事にゴールまでたどり着けるよう、安全航海の指標及び手段を提供する目的で書かれました。

現代は情報過多の社会であると言われているとおり、シニアライフに関する情報も巷にあふれかえっています。

しかし各シニアは、時間的制約、地理的制約、資金的制約、能力的制約など様々な制約を受けています。したがって、シニアライフを生き抜くための、唯一最善の手段を選択することは困難な状況にあると言わざるを得ません。

換言すれば、我が国におけるすべてのシニアが、経済学にあるような「極大化基準」を期待することは、現実的には不可能な状況にあると言えます。「極大化基準」とは、あらゆる条件を比較検討して唯一最高の結果を得ようとする考え方です。

シニアの立場としては、「満足化基準」を期待する方が現実的でしょう。「満足化基準」とは、人は制約のある条件の中で、可能な限り満足できる意思決定を行うとする経営学における考え方です。

シニアの皆様が本書を読まれることによって、満足化基準に基づき可能な限り満足できる意思決定を行うことができ、その結果としてより豊かで、より安定したシニアライフを獲得されることを願ってやみません。

## ◎参考文献


「国税庁」ホームページ（http://www.nta.go.jp/）

「厚生労働省」ホームページ（http://www.mhlw.go.jp/）

「総務省」ホームページ（http://www.soumu.go.jp/）

「全国健康保険協会」ホームページ（http://www.kyoukaikenpo.or.jp/）

「日本年金機構」ホームページ（http://www.nenkin.go.jp/n/www/index.html）

「中小企業庁」ホームページ（http://www.chusho.meti.go.jp/）

「日本税理士会連合会」ホームページ（http://www.nichizeiren.or.jp/）

「全国社会保険労務士会連合会」ホームページ（http://www.shakaihokenroumushi.jp/）

「日本ＦＰ協会」ホームページ（https://www.jafp.or.jp/）

『社会保険労働保険実務取扱全集』株式会社日本実業出版社

『ＪＯＵＲＮＡＬ　ｏｆ　Ｆｉｎａｎｃｉａｌ　Ｐｌａｎｎｉｎｇ』日本ＦＰ協会

**梅本正樹（うめもと・まさき）**

税理士・ファイナンシャルプランナー（日本FP協会AFP）・社会保険労務士・中小企業診断士。1960年生まれ。石川県金沢市出身。大阪府立大学経済学部経営学科卒業。トータルで約30年間、述べ1,000を超える案件でシニア世帯の家計健全化に貢献している。他の保有資格は、宅地建物取扱主任者（有資格者）。著書に『「起業」「法人化」を考えた時に読む本』（彩図社）。

シニアのなっとく家計学《かけいがく》
——老後《ろうご》のお金《かね》はこれで足《た》りる！

発行日　二〇一六年八月九日　初版第一刷発行

著者　梅本 正樹
発行人　仙道 弘生
発行所　株式会社 水曜社
〒160-0022 東京都新宿区新宿一-一四-一二
電　話 〇三-三三五一-八七六八
ファックス 〇三-五三六二-七二七九
URL : suiyosha.hondana.jp/

装幀　河合 千明
本文DTP　小田 純子
印刷　株式会社 平河工業社
企画協力　NPO法人 企画のたまご屋さん


ISBN978-4-88065-387-7 C0034